GUÍA DE ESTUDIO BÍBLICO DE VISIÓN PARA VIVIR

Del Ministerio de Enseñanza Bíblica de

CHARLES R. SWINDOLL

Adaptación en Español por

DAVID HORMACHEA

VISIÓN PARA VIVIR

Distribuido por

CENTROS DE LITERATURA CRISTIANA

Chuck Swindoll, maestro bíblico de *Insight For Living*, ha dedicado su vida a la aplicación clara y práctica de la palabra de Dios y de la gracia divina. Pastor de corazón, el Dr. Swindoll ha servido como pastor principal en congregaciones en Texas, Massachussetts y California. Al presente pastorea la iglesia Stonebriar Community Church, en Frisco, Texas, pero el público que oye al pastor Swindoll se extiende mucho más allá de una iglesia local. Como programa de vanguardia en la radiodifusión evangélica, *Insight For Living* se transmite por más de 2.100 emisoras en todo el mundo, en 11 idiomas, y a un público cada vez más numeroso por la Internet. Mediante su extenso ministerio como escritor, el pastor Swindoll también ha servido al cuerpo de Cristo por todo el mundo, y habiendo sido presidente del Seminario Teológico de Dallas ha ayudado a preparar y equipar una nueva generación para el ministerio. Chuck y Cynthia, su compañera en la vida y en el ministerio, tienen cuatro hijos ya crecidos, y diez nietos.

Basados en los bosquejos, cuadros y transcripciones de los sermones de Charles R. Swindoll, el texto de la guía de estudio fue preparado por el Departamento de Ministerios Pastorales de Insight For Living.

Editora en Jefe:
Cynthia Swindoll

Escritor de la Guía de Estudio:
Gary Matlack

Gerente para América Latina:
Ken Grant

Editor Contextual en Español:
David Hormachea

Editora Auxiliar:
Amy Snedaker

Traductor al Español:
Miguel A. Mesías E.

Coordinadora para América Latina:
Carmen Zavala Montgomery

ISBN Serie completa 1-57972-589-9—*La Obra Maestra de Dios: Concierto en Sesenta y Seis Movimientos*.
ISBN 1-57972-654-2—*Volumen 1: Génesis–2 Crónicas*
Diseño de la pasta: Neo Photo, Inc., Jack Fritze, fotógrafo.
Fotografía de la pasta: Superstock. Esta co-edición se realiza bajo arreglo especial con Visión Para Vivir. Distribuido por Centros de Literatura Cristiana CLC, Diagonal 61 No. 24-50, Bogotá, Colombia, cclccolvtas@etb.net.co
Impreso en Colombia, Printed in Colombia

CONTENIDO

Introducción

¿Cuál es mi autoridad final?

Esta es una pregunta fundamental a la que todos nosotros, especialmente los que seguimos a Cristo, debemos responder. ¿A dónde acudimos para entender claramente lo que es bueno o es malo? ¿A dónde acudimos en busca de dirección cuando enfrentamos decisiones difíciles, presiones culturales y ocasiones de crisis personales? ¿Qué fuente podemos consultar en busca de la verdad en cuanto a quién es Dios, quiénes somos nosotros, y cómo Él ha cerrado la brecha que hay entre nosotros?

El salmista lo contestó de esta manera:

> "Tu siervo medita en tus estatutos.
> 24 También tus testimonios son mi deleite;
> ellos son mis consejeros" (Salmos 119:23b – 24).

No se equivoque: la palabra de Dios, la Biblia, es nuestra autoridad final de fe y práctica. Es la verdad viva, infalible de nuestro Dios vivo e infalible. Conocerle y amarle empieza con saber y amar su palabra.

La Obra Maestra de Dios: Concierto en Sesenta y Seis Movimientos está diseñado para ayudarle a comprender mejor las Escrituras como un todo, para que pueda entender su mensaje más completamente . . . y amar más profundamente a su Autor.

En este primer volumen cubriremos el gran cuadro de Génesis a 2 Crónicas. Los nombres van a ser familiares para usted. Adán, Abraham, Moisés, David. Pero esta es la primera vez que los habrá visto juntos como parte del plan de Dios en desarrollo para las edades.

Así que "deleitémonos" juntos en la palabra de Dios, nuestra autoridad final. Y juntos también deleitémonos en Él.

Chuck Swindoll

Charles Swindoll

COMO PONER LA VERDAD EN ACCIÓN

El conocimiento sin aplicación no cumple el deseo que Dios tiene para sus hijos. Dios quiere que apliquemos lo que aprendemos, para que cambiemos y crezcamos. Esta guía de estudio bíblico se preparó con estos objetivos en mente. Esperamos que al avanzar por las páginas de esta Guía de Estudio aumente su deseo de descubrir la verdad bíblica. Anhelamos que conforme aumenta su comprensión de la palabra de Dios usted se sienta más motivado a aplicar en su vida práctica las lecciones que va aprendiendo.

Nociones para Vivir es una sección que hemos incluido al final de cada lección para ayudarle en su estudio. Estos ejercicios le presentarán un reto a estudiar más y a pensar en formas específicas de poner en práctica lo que descubre en su proceso de estudio.

Escarbando más Hondo es una sección que hemos incluido en algunas ocasiones al final de una lección, para guiarle a profundizar más los asuntos tratados en esa lección.

Hay muchas maneras de usar esta guía. Por ejemplo, puede utilizarla en sus devociones personales, en grupos de estudio, en conversaciones con amigos o familiares, y en clases de estudio bíblico. Por supuesto, este libro es una ayuda ideal si la va utilizando mientras escucha los estudios que corresponden a esta serie que trasmitimos en el programa de radio *Visión Para Vivir*.

Para aprovechar al máximo esta guía de estudio bíblico le animamos a que lleve un diario espiritual. Por eso hemos incluido espacio en las **Nociones para Vivir** en donde puede anotar sus pensamientos y descubrimientos. Esperamos que usted vuelva a esas secciones a menudo para repasarlas y para recibir mas ánimo mientras continúa su andar con Cristo.

Visión Para Vivir

LA OBRA MAESTRA DE DIOS
Concierto en Sesenta v Seis Movimientos

TABLA DE VISTAZO DE LOS LIBROS DE LA BIBLIA

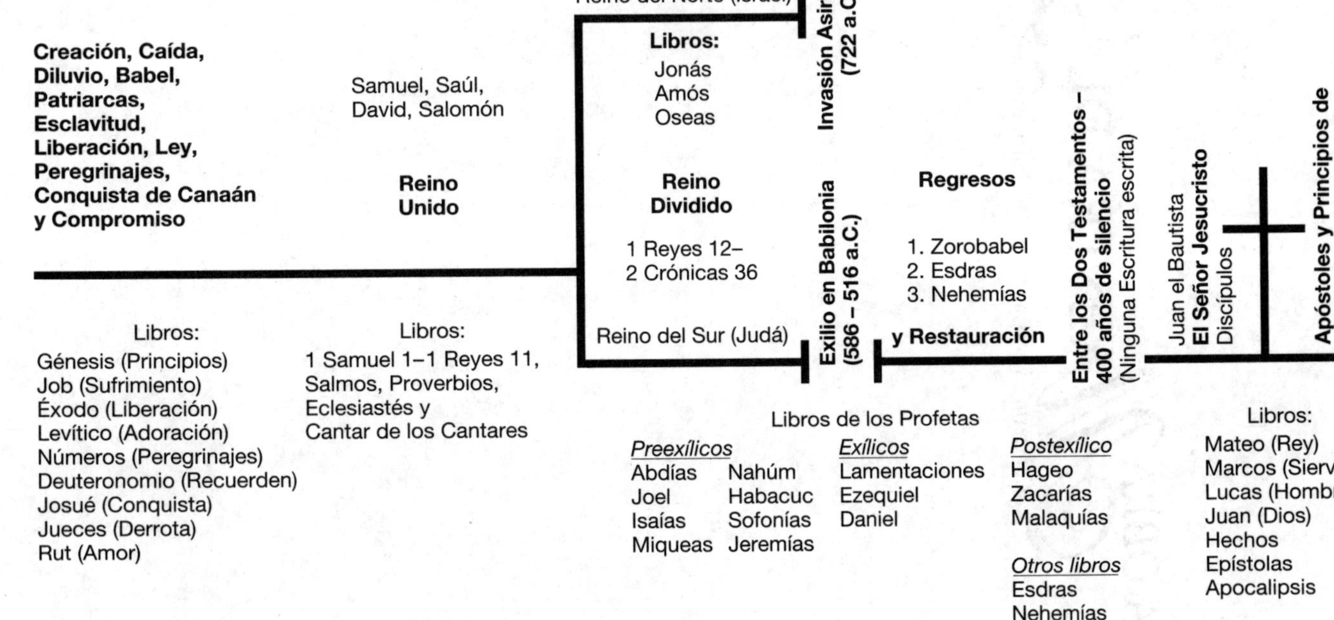

Capítulo 1

UNA SINFONÍA PARA EL ALMA

Pasajes Bíblicos Selectos

La Biblia es maravillosa. Es una pieza tan magistralmente orquestada que suena como una extraordinaria sinfonía para el alma. Pero para disfrutarla hay que escuchar con toda atención y permitir que su melodía teológica y práctica penetre en la mente y corazón para realmente apreciarla. Hay que apreciar los pasajes fuertes y los segmentos suaves; los interludios que transmiten paz y los crescendos que nos motivan o exhortan.

¿Alguna vez pensó en la Biblia y la comparó con una extraordinaria pieza musical? Por supuesto que técnicamente no lo es, pero las similitudes son intrigantes. Por ejemplo, cualquier obra maestra de la música perdurará por años, incluso siglos, a partir de la fecha en que fue compuesta. El *Mesías* de Handel, presentado por primera vez en 1742, continua conmoviendo a los públicos de hoy. Las obras clásicas de Bach, Beethoven y Mozart, que en un tiempo se tocaban en cortes reales, catedrales y salas de conciertos, hoy se las puede oír en la comodidad de su propia sala. De la misma manera la Biblia sigue imperturbable ante los embates del tiempo, pero, tal como ocurre con todas las grandes composiciones, la Biblia ha tenido y tiene sus críticos. Sin embargo, ningún crítico ha sido capaz de perjudicar esta maravillosa sinfonía. Los detractores han desaparecido, pero la Biblia continuará su existencia.

Críticos que Han Surgido y Han Desparecido

En el 303 d.C., por ejemplo, el emperador Diocleciano emitió un edicto que prohibía a los cristianos la adoración y ordenaba la destrucción de las Escrituras Sagradas. Veinticinco años más tarde Constantino sucedió a Diocleciano, y dio un vuelco radical al ordenar que se prepararan copias de las Escrituras a expensas del gobierno.[1]

El filósofo francés Voltaire anunció que en cien años a partir de su tiempo, el cristianismo sería totalmente barrido. Irónicamente, apenas cincuenta años después de la muerte de Voltaire la Sociedad

1. Josh McDowell, comp., *Evidence That Demands a Verdict*, ed. rev. (San Bernardino, Calif.: Here's Life Publishers, 1979), p. 20. Hay edición en español.

Bíblica de Génova usó la imprenta y casa del filósofo para producir una gran cantidad de Biblias.[2]

Bernard Ramm dijo "Mil veces repetido, se ha tocado el repique de muerte de la Biblia, se ha formado la procesión funeral, se ha tallado la inscripción en su lápida, y se ha leído el panegírico. Pero de alguna manera el cadáver nunca se queda quieto."[3]

Diocleciano, Voltaire y otro gran número de críticos de la Biblia, hoy son apenas susurros de la historia, pero la sinfonía de la Biblia sigue deleitando al mundo entero.

De la Biblia se han vendido más ejemplares, y se la ha traducido a más idiomas, que ninguna otra pieza de literatura. Una obra de verdad que prevalece merece que se la estudie y aprecie. Por esa razón realizamos este maravilloso estudio. Después de completar esta serie en cinco volúmenes usted habrá disfrutado de un concierto en sesenta y seis movimientos, y habrá dado un vistazo a vuelo de pájaro a la Biblia entera, la obra maestra de Dios. Entonces tendrá en su anaquel una excelente herramienta para toda una vida de exploración. Le invito a comenzar con alguna información general sobre esta espléndida sinfonía de las Escrituras.

Información General

La Biblia, como toda gran obra musical, tiene un título, divisiones estructurales, historia y un tema principal.

El Título

El título *Biblia* no se halla en ninguna parte de las Escrituras. Si esa declaración le sorprende, más sorprendido quedará al saber que el título en realidad viene del nombre griego de la planta de papiro, *biblos*. Los cristianos, ya en el siglo segundo d.C. usaban la forma plural, *biblia*, al referirse a estos escritos. La palabra pasó luego al latín y luego al francés antiguo, hasta que finalmente llegó a los idiomas modernos, y así llegamos a tener la palabra *Biblia* como el nombre español.[4]

A la Biblia con toda corrección se le puede describir como un solo libro puesto que su único Autor celestial es Dios, y aunque es una

2. McDowell, *Evidence That Demands a Verdict*, p. 20.

3. McDowell, *Evidence That Demands a Verdict*, p. 21.

4. Véase Norman L. Geisler y William E. Nix, *A General Introduction to the Bible*, ed. rev. (Chicago, Ill.: Moody Press, 1986), p. 21.

colección de muchos libros escritos por muchos autores diferentes, pero con un solo mensaje principal.

Las Divisiones

Cualquier composición musical maestra tiene estructura, o sea, una organización planificada que mejora el desarrollo y la presentación del todo. Lo mismo ocurre con las Escrituras.

Si abre su Biblia en la tabla de contenido, notará las dos divisiones más obvias: Antiguo y Nuevo Testamentos. Un testamento, según Norman Geisler y William Nix, es

> "un convenio, o pacto, o acuerdo entre dos partes." . . . Al Antiguo Testamento se le llamó primero *el* pacto, en los días de Moisés, (Éx. 24:8). Más tarde Jeremías anunció que Dios haría "un nuevo pacto" con su pueblo (Jer. 31:31–4), lo que Jesús hizo en la Última Cena (Mat. 26:28, cf. 1 Cor. 11:23–25; Heb. 8:6–8). Por esto es que los cristianos llaman *Antiguo* Pacto (Testamento) a la parte anterior de la Biblia, y a la posterior llaman *Nuevo* Pacto.[5]

Agustín de Hipona relacionó los dos Testamentos de esta manera: "El Antiguo Testamento se revela en el Nuevo; y el Nuevo Testamento está velado en el Antiguo."[6] El Antiguo Testamento predice a Cristo, en tanto que el Nuevo Testamento lo presenta en toda su plenitud. Por ejemplo, el sistema de sacrificios detallado en Levítico es un cuadro de la necesidad del sacrificio a fin de que una humanidad pecadora pueda tener comunión con un Dios santo. Pero en el libro de Mateo vemos a Cristo en realidad, sufriendo y muriendo por los pecados del mundo. Todo el Antiguo Testamento, y el libro de Levítico en particular, presentan en cuadros y en sombras la muerte expiatoria de Cristo. En cambio, el Nuevo Testamento lo presenta en persona y sustancia.

Podemos clasificar los treinta y nueve libros del Antiguo Testamento en cuatro grupos.

Antiguo Testamento

- *Legales* (Génesis a Deuteronomio): Estos cinco primeros libros del Antiguo Testamento, escritos por Moisés, enfocan los requi-

5. Geisler y Nix, *A General Introduction to the Bible*, pp. 21-22.

6. Geisler y Nix, *A General Introduction to the Bible*, p. 22.

sitos que Dios exige para una vida justa, los mismos que puede observar más claramente en la Ley mosaica.

- *Históricos* (Josué a Ester): Los siguientes doce libros trazan el desarrollo, desobediencia, caída y liberación del pueblo de Dios, la nación de Israel.
- *Poéticos* (Job a Cantar de los Cantares): Empezando con los lamentos de Job pasamos a las alabanzas y súplicas de los salmistas y luego a las palabras de sabiduría de Salomón. El poder del Espíritu de Dios para mover los corazones de las personas es tal vez más evidente en los cinco libros poéticos que en cualquier otra sección de la Biblia.
- *Proféticos* (Isaías a Malaquías): Los profetas llamaron al pueblo de Dios a una vida santa y predijeron el castigo divino sobre los que le daban la espalda a Dios. De Isaías a Daniel tenemos los Profetas Mayores, llamados así simplemente porque son los libros proféticos más largos. De Oseas a Malaquías, encontramos libros proféticos menos extensos, y por ello son los Profetas Menores.[7]

Dios con toda certeza aprecia la diversidad. Antes que entregarnos una gran cantidad de información cruda, se reveló a sí mismo de tal forma que preservó todo el drama y belleza de la historia.

Ahora pasemos al Nuevo Testamento. Tiene veintisiete libros también subdivididos en cuatro secciones.

Nuevo Testamento.

- *Biográficos* (Mateo a Juan): Los cuatro Evangelios, cada uno escrito para un público diferente, expresan la vida, muerte y resurrección de nuestro Salvador. Cada Evangelio da una perspectiva ligeramente diferente. Mateo presenta a Jesús como el Mesías largamente esperado, el Rey de los judíos. Marcos lo ve como el Siervo al máximo. Lucas, el médico, le revela como el compasivo Hijo del hombre, mientras que Juan nos da un vislumbre de la existencia eterna del Hijo de Dios.

7. J. Sidlow Baxter aclara más esta distinción: "Los dos escritos agrupados como 'Profetas Menores,' aunque amplían varios aspectos, no determinan la forma principal de la profecía mesiánica. Se ajustan al marco general ya formado para nosotros en Isaías, Jeremías, Ezequiel y Daniel," *Explore the Book*, seis vols. en uno (Grand Rapids, Mich.: Zondervan Publishing House, Academic Books, 1966), p 200.

- *Histórico* (Hechos): El libro de Hechos nos provee de una narración de como se extiende el evangelio y también, del nacimiento y crecimiento de la iglesia.
- *Doctrinales* (Romanos a Judas): También se les llama Epístolas, o cartas. Pablo escribió trece (catorce si se incluye Hebreos). El resto surgió de la pluma de Santiago, Pedro, Juan y Judas.
- *Profético* (Apocalipsis): Mediante la santa visión de Juan el libro de Apocalipsis nos transporta a los tiempos del fin, cuando Cristo volverá a la tierra en gloria, juicio y poder.

LA BIBLIA

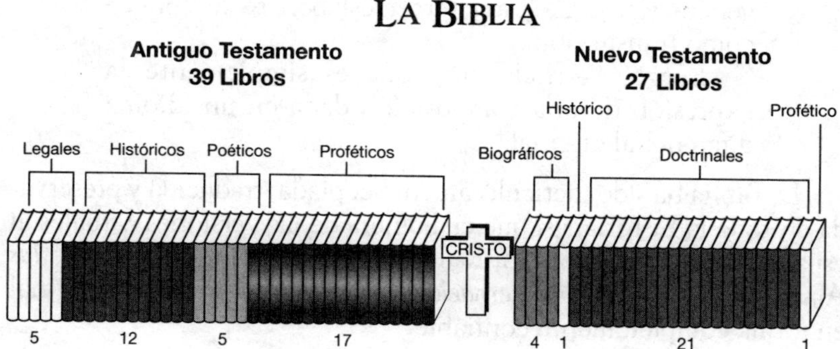

Ese es un vistazo rápido de cómo está organizada la Biblia. Ahora demos una rápida mirada a cómo nos vino.

La Historia

Los sesenta y seis libros fueron escritos en un período de más de 1500 años, por más de cuarenta personas, que procedieron de toda forma de vida. La Biblia cubre toda la amplitud de la historia, desde la creación de los cielos y la tierra, hasta su nueva creación, es decir, cielos nuevos y tierra nueva. Es un libro escrito por personas reales y que trata de personas reales, pero que, además, nos muestra eventos de la vida real y verdad fidedigna.

Los escritores del Antiguo Testamento escribieron en hebreo y algunas secciones en arameo. El Nuevo Testamento fue escrito en griego koiné (común).

Si usted se pregunta ¿Cómo nos llegó la Biblia en su forma actual? la respuesta es que se han escrito libros enteros para contestarle. Para ayudarle lea esta breve explicación de Geisler y Nix:

> Hay cuatro eslabones en la cadena "de Dios a nosotros" y son: inspiración, canonización, transmisión y traducción. En el primero Dios les dio el mensaje a los profetas que recibieron y lo anotaron. Canonización, el segundo eslabón, tiene que ver con el reconocimiento y compilación de los escritos proféticos. . . . A fin de que las generaciones subsiguientes cuenten con esta revelación había que copiar, traducir, volver a copiar y volver a traducir las Escrituras Sagradas. Este proceso no sólo proveyó la Biblia para otras naciones, sino también para otras generaciones. A [este] tercer eslabón se le conoce como transmisión. . . .
>
> Luego, la traducción que es simplemente la expresión de una composición dada en un idioma diferente al original.[8]

La Biblia ha sido meticulosamente copiada, traducida y preservada en toda la historia, así que cualquiera de las versiones actuales al español, como por ejemplo, *Reina Valera Revisada, La Biblia de las Américas, Nueva Versión Internacional*, etc., expresan el texto original en forma completamente confiable.

El Tema

Como cualquier pieza de música grandiosa, la Biblia tiene un tema principal que se desarrolla por todas sus páginas. Se trata de la *Salvación por medio del Señor Jesucristo*. En donde quiera que uno la abra, oirá la misma melodía: Dios rescatando a los seres humanos de su pecado mediante la muerte expiatoria de su propio Hijo. Empieza suavemente en Génesis, y luego se abre camino por todo el Antiguo Testamento. Después de un ominoso silencio entre los dos Testamentos, irrumpe en los Evangelios y toca la misma maravillosa melodía en forma continua y persistentemente por todo el Nuevo Testamento. Poco a poco va edificando todo hacia un gran final en Apocalipsis.

Doctrinas Cruciales

Al tratar de entender la confiabilidad de la palabra de Dios debemos tener presentes cuatro doctrinas cruciales.

8. Geisler y Nix, *A General Introduction to the Bible*, p. 321, 493.

Revelación

Dios escogió darnos su verdad y así es como podemos conocerle. Esa es la revelación. Si Dios hubiera guardado silencio, nuestras almas nunca le habrían conocido a Él ni la dulce música de su palabra.

Su revelación nos viene en una variedad de maneras. Primero por ilustración, es decir, su obra maestra de creación. Aunque esta revelación general de Dios no nos salva, nos permite ver su majestad en las estrellas, el estruendo de las olas, los gigantescos árboles y las montañas cubiertas de nieve (véase el Sal. 8). Segundo, Dios habló. Él decidió comunicar directamente a los que debían anotar sus palabras. A veces lo hizo directamente desde el cielo; otras veces habló por medio de un ángel. A veces habló mediante sueños y visiones. En el caso de Moisés le habló desde una zarza que ardía. Algunas verdades, tales como los Diez Mandamientos, fueron escritas directamente por Dios.

Inspiración

Segunda a Timoteo 3:16 nos dice que "Toda Escritura es *inspirada* por Dios" (énfasis añadido). La palabra griega quiere decir literalmente "exhalada por Dios." Así que Dios exhaló su palabra para que los agentes humanos la escribieran. Es importante entender la inspiración como más que un mero dictado mecánico. Dios pudo escribir sus palabras exactas y sin errores, sin destruir la individualidad, personalidad o estilo literario de los escritores (véase también 2 Ped. 1:20–21).

Iluminación

La revelación tiene que ver con Dios entregando la verdad, la inspiración describe el registro de la misma, y la iluminación tiene que ver con la comprensión de ella. Cuando leemos y estudiamos la Biblia, el Autor está presente por medio del Espíritu Santo, y el Autor imprime esa verdad en nuestros corazones y nos impulsa a la acción (véase Juan 16:13; 1 Cor. 2:9–16).

Aplicación

La aplicación es la capacidad de apropiarse de la Biblia en la experiencia diaria. Es posible saber la palabra de Dios y sin embargo, no vivirla. La verdad de Dios debe abrirse paso en nuestra mente, penetrar en nuestro corazón e influir todo aspecto de la vida. Al estudiar debemos preguntarnos: "¿Es esto verdad en mi vida? ¿Qué debo cambiar?" y hacernos otras preguntas similares que nos impulsen a aplicar la verdad de Dios. Ser solamente oidores de la palabra, tal como lo dijo Santiago, no basta. Debemos también ser hacedores de la palabra (véase Sant. 1:22–25; véase también Juan 13:17).

Dios se nos ha revelado. Ha anotado su verdad y la ha preservado a través de los siglos. Su Espíritu Santo nos ayuda a entenderla. La verdad bíblica cambiará nuestras vidas. Esa es música maravillosa que vale la pena oír.

Nociones para Vivir

"Lámpara es a mis pies tu palabra,
y luz para mi camino" (Sal. 119:105).

El salmista da de lleno en la razón por la que estudiamos la Biblia y el por qué debatimos respecto a ella y la reverenciamos. La Palabra tiene sabiduría que nos dice cómo vivir. La Palabra es lámpara que nos permite entrar en la senda de la vida que nos conduce a Jesucristo, y su luz nos revela cómo andar con Él. Sin la palabra de Dios tropezaríamos constantemente en medio de la oscuridad.

Este es un buen momento para preguntarse ¿qué aspectos de mi vida necesitan más luz? y para responder, hacer una lista de preguntas que tiene o problemas que enfrenta, y que la Biblia puede contestar. Conforme avanza en esta serie de estudios, tome nota de cuáles libros tocan temas que usted quisiera explorar más. Cuando complete la serie, vuelva a repasar y estudie las secciones de la Biblia que hablan de esos asuntos sobre los que buscaba respuesta.

Capítulo 2

GÉNESIS: DONDE TODO EMPIEZA

Vistazo de Génesis

"Antes que los montes fueran engendrados,
y nacieran la tierra y el mundo,
desde la eternidad y hasta la eternidad, tú eres Dios"
—(Salmo 90:2)

Todas las cosas y todas las personas tienen un principio. Por supuesto, la excepción es Dios. Él no tiene cumpleaños que celebrar porque siempre ha sido y siempre será. Dios nunca ha sido inexistente. Es cierto que María dio a luz al niño Jesús en una pesebrera en Belén. Pero antes de su encarnación milagrosa, Jesús existía en la eternidad con Dios el Padre (véase Juan 1:1–3).

Para nuestras mentes finitas, esto es difícil de captar, ¿no es cierto? Es que todos los seres humanos tenemos cumpleaños. Vivimos en esta tierra un número finito de días. Nuestras amistades, familias y trabajos, todos tienen un punto de inicio, y todo lo que nos rodea: las casas, autos, ropa, e incluso la comida, viene de algo.

Dios no *vino* de ninguna parte. Siempre ha sido.

> En la gran amplitud de la eternidad, que se remonta más atrás de Génesis 1:1, el universo no había nacido y la creación existía sólo en la mente del gran Creador. En su soberana majestad Dios moraba solo. . . . Junto a Él no había ángeles que le cantaran himnos de alabanza, ni criaturas que ocuparan su atención, ni rebeldes que someter y sujetar. El gran Dios estaba completamente solo en medio del [profundo] silencio de su propio vasto universo.[1]

El Dios eterno es completamente autosuficiente y no depende de nadie fuera de sí mismo.

1. Arthur W. Pink, *The Sovereignty of God* (1930; reimpresión, Grand Rapids, Mich.: Baker Book House, 1994), p. 28.

GÉNESIS

	Creación *CAPÍTULOS 1–2*	Caída *CAPÍTULOS 3–5*	Diluvio *CAPÍTULOS 6–9*	Naciones *CAPÍTULOS 10–11*	Abraham *CAPÍTULOS 12–25*	Isaac *CAPÍTULOS 26–27*	Jacob *CAPÍTULOS 28–36*	José *CAPÍTULOS 37–50*
Principios	Principio de la raza humana				Principio de la raza escogida			
Resultado	Confusión y esparcimiento				Esclavitud en Egipto			
Historia	Historia primitiva				Historia patriarcal			
Cronologia	Más de 2.000 años				Aproximadamente 300 años			
Énfasis	Cuatro eventos principales				Cuatro personas importantes			
Palabras y Frases Clave	"En el principio" (1:1) "Generaciones" (5:1; 6:9; 10:1; 11:10; 11:27; 25:12; 25:19; 36:1; 37:2)							
Cristo en Génesis	Ilustrado en la simiente de la mujer (3:15); Melquisedec, sumo sacerdote (14:18); la humillación de José (capítulos 37–50)							

Sin embargo, Él escogió crear. ¡Qué maravilloso pensamiento! El Dios que no tenía principio ni fin escogió hacer existir la tierra y los cielos, el tiempo y el espacio, las alturas y las profundidades. Escogió darnos un principio para que podamos disfrutar del mundo que Él formó y también, abrazar al que lo formó.

Por eso, con toda propiedad, Génesis, es el primer libro de la Biblia. No sólo que empieza con el acto creador de Dios, sino que pone el escenario para que se desarrolle la historia de la relación personal de Dios con nosotros.

Un Libro de Principios

Todo en el libro de Génesis: su nombre, su relación con el resto de la Biblia, y su estructura, parecen decir: "si existe hoy, es porque empezó precisamente aquí en Génesis."

Nombre

Entre los años 250 y 150 a.C., en medio del período intertestamentario, setenta eruditos judíos en Alejandría, Egipto, tradujeron las Escrituras hebreas al idioma común de aquellos días, que era el griego. En esta traducción, llamada la Septuaginta, le dieron el título de *Génesis* al primer libro de la Ley. "Génesis" es una palabra griega que quiere decir "origen, fuente, generación o principio." El nombre persistió y así pasó a la Biblia en español. El título hebreo original del libro es *Bereshit*, que quiere decir "en el principio."[2]

Relación con el Resto de la Biblia

Los primeros cinco libros de la Biblia forman el Pentateuco (de *penta*, palabra griega que quiere decir cinco, y *teucos*, que quiere decir herramienta). Los cinco libros fueron escritos por Moisés, y encajan el uno con el otro para proveernos de una noción con respecto a la humanidad, Dios, y la diferencia entre ellos.

2. Bruce Wilkinson y Kenneth Boa, *Talk Thru the Old Testament*, vol. 1 of *Talk Thru the Bible*, (Nashville, Tenn.: Thomas Nelson Publishers, 1983), p. 6.

Libro del Pentateuco	*Qué nos Dice Respecto a la Humanidad*	*Qué nos Dice en cuanto a Dios*
Génesis	Ruina y rebelión por el pecado	Soberanía
Éxodo	Redención de la esclavitud	Omnipotencia
Levítico	Comunión y compañerismo	Santidad
Números	Nueva dirección	Justicia
Deuteronomio	Instrucción	Fidelidad

Estructura Literaria

Génesis, entonces, es el libro de principios. Dios nos entrega el relato del principio del tiempo, de la vida y de la comunión humana con Dios. En él aparece el principio del pecado y la salvación, del juicio y la gracia. Encontramos el principio del trabajo y del culto; el principio del matrimonio y de la familia. Este tema recurre en todo el libro tal como podemos notar en los principios y generaciones, que los autores Bruce Wilkinson y Kenneth Boa compilan:

> (1) Introducción a las generaciones (1:1–2:3); (2) Cielo y tierra (2:4–4:26); (3) Adán (5:1–6:8); (4) Noé (6:9–9:29); (5) Hijos de Noé (10:1–11:9); (6) Sem (11:10–26); (7) Taré (11:27–25:11); (8) Ismael (25:12–18); (9) Isaac (25:19–35:29); (10) Esaú (36:1–37:1); (11) Jacob (37:2–50:26).[3]

Dentro de este tema global, hallamos que, estructuralmente, Génesis tiene dos secciones principales: capítulos 1–11, que primordialmente cubren *eventos*; y capítulos 12–50, que principalmente enfocan *personas*. La tabla en la página que sigue distingue estos contrastes.

Aunque el libro de Génesis se divide muy bien en dos secciones, no crea que porque existe división, existe desunión. Las dos secciones están unidas en forma esencial. El pueblo del linaje de Abraham en los capítulos 12–50 brotó de los eventos de los capítulos 1–11. Si no hubiera habido una caída, que perpetuó la maldad en el mundo y

3. Wilkinson y Boa, *Talk Thru the Old Testament*, p. 6.

Génesis 1–11	*Génesis 12–50*
• Tiempo: cubre como dos mil años	• Tiempo: cubre como trescientos años
• Enfatiza eventos:	• Enfatiza personas:
1. Creación (caps. 1–2)	1. Abraham (caps. 12–25:18)[5]
2. Caída (caps. 3–5)[4]	2. Isaac (caps. 25:19–27)
3. Diluvio (caps. 6–9)	3. Jacob (caps. 28–36)
4. Naciones (caps. 10–11)	4. José (caps. 37–50)

acarreó el castigo divino, no habría habido necesidad para que Dios llamara y preservara a la familia de Abraham para que sea su familia escogida de la que vendría el Mesías.

Uno puede observar que desde Abraham y en adelante el enfoque de Dios recae sobre su pueblo, al mismo que ha prometido bendecir y proteger.[6] Dicho en forma sencilla, el resto del Antiguo Testamento es el historial de los tratos de Dios con su pueblo, los hebreos o israelitas, y su cumplimiento de las promesas indicadas en Génesis 12:1–3.

> "Y el SEÑOR dijo a Abram:
> Vete de tu tierra,
> de entre tus parientes
> y de la casa de tu padre,
> a la tierra que yo te mostraré.
> 2 Haré de ti una nación grande,
> y te bendeciré,
> y engrandeceré tu nombre,
> y serás bendición.

4. "En el primer pecado el hombre es separado de Dios (Adán de Dios), y en el segundo pecado, el hombre es separado del hombre (Caín de Abel)". Wilkinson y Boa, *Talk Thru the Old Testament*, pp. 8-9.

5. "El llamamiento de Abraham . . . es el punto eje del libro. Las tres promesas del pacto que Dios le hace a Abraham (tierra, descendientes y bendición) son fundamentales para el programa divino de traer salvación a la tierra." Wilkinson y Boa, *Talk Thru the Old Testament*, p. 9.

6. El resto de la sección "Estructura Literaria" es adaptación de Lee Hough, de la guía de estudio A *Look at the Book*, de la coautoría de Lee Hough y Bryce Klabunde, del ministerio de enseñanza bíblica de Charles R. Swindoll (Anaheim, Calif.: Insight for Living, 1994), p. 33.

3 Bendeciré a los que te bendigan,
y al que te maldiga, maldeciré.
Y en ti serán benditas todas las familias de la tierra."

Esa última promesa de bendición se cumplió porque Dios preservó una línea mesiánica por medio de Abraham. Su hijo Isaac tuvo a Esaú y a Jacob. Jacob tuvo doce hijos; y fue por su cuarto hijo, Judá, que vino el linaje real de Israel y al final el Rey Jesús.

Versículo Clave

Toda la Biblia, incluyendo la historia de Abraham, se desdobla de un versículo fundamental en Génesis 3. El autor Antonio Hoekema explica:

> A la narración de la caída que se halla en los primeros versículos de Génesis 3 le sigue de inmediato la promesa de un futuro redentor en el versículo 15: "Y pondré enemistad entre ti y la mujer, y entre tu simiente y su simiente; él te herirá en la cabeza, y tú lo herirás en el calcañar." Este pasaje va dirigido a la serpiente, más adelante identificada como agente de Satanás (Apoc. 12:9; 20:2). La enemistad puesta entre la humanidad y la serpiente implica que Dios, que también es enemigo de la serpiente, será amigo del hombre. En la predicción de que a la larga la simiente de la mujer herirá la cabeza de la serpiente, tenemos la promesa del Redentor que vendría. Podemos decir que en este pasaje Dios revela, como en pastilla, todo su propósito salvífico con su pueblo. La historia ulterior de la redención será un desdoblamiento del contenido de esta promesa madre. Desde este punto y en adelante toda la revelación del Antiguo Testamento mira hacia adelante, apunta hacia adelante, y anhelantemente aguarda al prometido Redentor.[7]

Este Redentor se revela plenamente en el Nuevo Testamento como el Señor Jesucristo. Génesis, entonces, pone el escenario, no sólo para el desarrollo de la historia, sino para el gran programa de Dios de librar del pecado a la raza humana.

7. Anthony A. Hoekema, *The Bible and the Future* (Grand Rapids, Mich.: William B. Eerdmans Publishing Co., 1979), pp. 4-5.

Aplicación

El gran enfoque de Génesis, sin embargo, no hace sombra a su significación personal. Considere cómo el libro toca nuestras vidas como creyentes individuales.

- *Dios nos creó.* Nos entretejió, nos formó a su imagen. Hemos sido hechos "asombrosa y maravillosamente" (Sal. 139:14). Creación quiere decir que Dios se interesó personalmente en nosotros antes de que nosotros supiéramos nada de Él. Nos creó para una relación personal consigo mismo.

- *Dios nos re-creó.* Adán se rebeló contra su Creador, y como consecuencia, lo mismo hicimos todos nosotros. Sabiendo que incluso el más pequeño de los pecados nos alejaría de Él, nuestro Dios santo abrió un camino para acercarnos a Él. Cuando ponemos en Cristo nuestra fe, pasamos a su justicia y somos hechos nuevas personas (véase 2 Cor. 5:17). Así como Noé y su familia fueron guardados seguros del castigo divino en el arca, así en Cristo estamos a salvo del castigo divino y se nos da la bienvenida a su amoroso cuidado.

- *Dios nos usa para efectuar su re-creación en otros.* Como nuevas criaturas en Cristo tenemos el privilegio de proclamar a otros su evangelio. Somos representantes de su reino, heraldos de su mensaje. Testificamos de la realidad de su presencia y de la verdad de su palabra. Si no teníamos propósito en la vida antes de conocer a Cristo, ahora sí lo tenemos.

Génesis. Principio de todas las cosas; tal vez incluso el comienzo de un amor renovado y aprecio para Aquel que nos hizo.

Nociones para Vivir

Como Antonio Hoekema anotó arriba, Génesis 3:15 presenta en sombra a Jesucristo, el Redentor que vendría. Pero, ¿qué le sucede a ese Redentor entre Génesis y el Nuevo Testamento? Pues bien, echemos un vistazo a vuelo de pájaro por toda la Biblia, y observe dónde aparece Jesucristo y como se revela:

En el Libro de . . .	*Él es . . .*
Génesis	Simiente de la mujer
Éxodo	El Cordero pascual
Levítico	El Sacrificio expiatorio
Números	La Serpiente de bronce
Deuteronomio	El Profeta prometido
Josué	El Capitán invisible
Jueces	Mi Libertador
Rut	Mi Pariente Redentor celestial
Samuel, Reyes, Crónicas	El Rey prometido
Esdras y Nehemías	El Restaurador de la nación
Ester	Mi Defensor
Job	Mi Redentor
Salmos	Mi Todo en todo
Proverbios	Mi Modelo
Eclesiastés	Mi Meta
Cantar de los Cantares	Mi Amado
Los Profetas	El Príncipe de Paz que vendrá
Mateo	Cristo el Rey
Marcos	Cristo el Siervo
Lucas	Cristo el Hijo del hombre
Juan	Cristo el Hijo de Dios
Hechos	Resucitado, sentado y enviando
Epístolas	Morando y llenando
Apocalipsis	Volviendo y reinando[8]

Esta revelación nos comprueba que Jesucristo es el tema central de la Biblia. ¡Él está en todas partes! Nuestro Redentor aparece por

8. Adaptado de *Illustrating Great Words of the New Testament*, por J. B. Fowler, Jr. (Nashville, Tenn.: Broadman Press, 1991), p. 98.

todas las Sagradas Escrituras como una maravillosa melodía que se repite. Él es el tema de la revelación, la tonada de los siglos, el canto eterno. La pregunta es ¿qué tiene que ver esto con nosotros? Para enfocar su pensamiento, conteste con mucho cuidado las siguientes preguntas:

¿Qué le dice todo esto respecto a cuánto interés tiene Dios de que conozcamos a su Hijo y la obra que Él ha hecho a nuestro favor?

____

____

____

Puesto que en la Biblia se nos presenta tan completamente a Cristo, ¿cuál diría usted que es la mejor forma de conocerle mejor?

____

____

____

____

¿Está usted tomando la Biblia lo suficientemente en serio como para acercarse a Él cada vez más? ¿Está usted abordando su lectura y estudio de ella con el propósito de conocer a Jesucristo más íntimamente?

____

____

____

____

¿Qué le ha revelado Dios hasta aquí respecto a su Hijo en este estudio de Génesis?

____

____

____

____

____

Para ver un cuadro que predice a Cristo como si fuera una sombra, observe a José, el hijo de Jacob, en Génesis 37, 39–45, 50. ¿Qué similitudes ve usted?

____

____

____

____

¿Por qué no dedicar un tiempo ahora mismo para agradecerle a Dios por revelarle a su Hijo? Pídale que le guíe en el resto de esta serie de estudios para que pueda conocer más y acercarse más a Cristo.

Capítulo 3

Éxodo: Historia de Libertad Milagrosa

Vistazo de Éxodo

Cada país tiene una historia maravillosa de libertad. Por ser un bien tan preciado, cada año recordamos y celebramos los triunfos de nuestros padres de la patria, visitamos monumentos y presentamos ofrendas florales reconociendo nuestras maravillosas historias de libertad.

En el mes de mayo millones de estadounidenses buscan y enarbolan su bandera nacional. En sus patios adornan mesas con manteles de colores rojo y blanco, a cuadros. Las piscinas, lagos y playas atraen a miles de personas, y por un largo fin de semana es difícil respirar una sola vez sin percibir el aroma de parrilladas y salchichas calientes que se consumen en abundancia. Es el Día de la Recordación; un tiempo de diversión y celebración, pero también, de solemne reflexión.

Muchas familias y amigos colocan una pequeña bandera junto a la lápida de algún ser querido, hasta que las silenciosas laderas de los cementerios quedan santificadas por los recuerdos de juventud, valor, sacrificio y pérdida. Las lágrimas enjuagan los nombres tallados en monumentos de batallas y memoriales de guerra. Los pastores, clérigos y políticos rinden tributo a la memoria de los que lucharon y murieron por la libertad.

Por supuesto, nos encanta nuestra libertad, y por ella se pagó un gran precio. Así que disfrutar y recordar van mano en mano. Somos libres porque alguien, antes de nosotros, hizo algo fundamental para hacernos libres.

¿Sabía usted que lo mismo es verdad en nuestra vida espiritual? Los creyentes podemos disfrutar de paz con Dios y somos parte de la familia de Dios. En lugar de continuar como esclavos de nuestro antiguo patrón, el pecado, ahora somos libres para amar y obedecer a Dios y servirle en su iglesia.

Pero no tendríamos esa libertad si Dios no hubiera ido antes de nosotros para conseguirla. Mucho antes de que Jesús viniera en carne, Dios fraguó un plan para redimirnos por su Hijo. Si Él no

ÉXODO

GÉNESIS — 350 Años — Gemidos de los Israelitas	Esclavitud	Liberación	Peregrinaje	Ley	Tabernáculo	Gloria del Señor
	Los israelitas se multiplican Nuevo faraón Plan para destruir a los Israelitas Moisés	Sangre, Ranas, Piojos, Moscas, Ganado, Tumores, Granizo, Langosta, Oscuridad, Muerte Pascua Éxodo	Nube y fuego Mar Rojo Quejas	Moral Civil Social	Atrio exterior 50 x 25 m Atrio interior 15 x 5 m	
	CAPÍTULOS 1–2	*CAPÍTULOS 3–12*	*CAPÍTULOS 13–18*	*CAPÍTULOS 19–24*	*CAPÍTULOS 25–40*	
Lugar	Egipto		En ruta	Monte Sinaí		
Tiempo	430 años		3 meses	1 año		
Tema	Sufrimiento y liberación del pueblo de Dios		Dirección de Dios	Adoración a Dios		
Versículos Clave	6:6; 12:40–42; 19:5–6					
Cristo en Éxodo	Cordero pascual (cap. 12); ofrendas y sacrificios, tabernáculo, artículos del culto (caps. 25–40); En Moisés se da un cuadro de su liderazgo y liberación; En el sumo sacerdote se da un cuadro de su pureza e intercesión.					

hubiera escogido actuar a nuestro favor, nunca habríamos conocido la libertad espiritual. De eso trata el libro de Éxodo: Dios rescatando, sosteniendo y preservando a su pueblo, cuando éste pueblo no podía hacer nada para ayudarse a sí mismo.

Así que, le invito a que desenrrollemos el rollo de Éxodo y hagamos que sirva como nuestra bandera de libertad. Que no sólo nos recuerde el don de la libertad, sino que nos acerque más al Dios que nos la dio.

El Nombre: Éxodo

Éxodo, como *Génesis*, es un nombre que nos viene de la versión griega del Antiguo Testamento, la Septuaginta. La palabra significa "salida, partida," y describe el suceso clave del libro: la salida de los hebreos de Egipto para convertirse en la nación santa de Dios.

El título hebreo del libro *Ueelej Shemot*, es simplemente el eco de la frase inicial: "Y estos son los nombres." La letra "y" en el hebreo, nos conecta con el fin del libro de Génesis. Así que en el libro de Éxodo empieza la historia de cómo la familia de Jacob, que ahora se halla en Egipto, empezó a crecer y a prosperar.

Un Vistazo a su Contenido

Para captar el flujo del relato recapitulemos algunos de los últimos capítulos de Génesis. A José, uno de los hijos de Jacob, sus hermanos lo habían vendido como esclavo por celos, y luego le dijeron a su padre que lo habían matado bestias salvajes. Mediante una asombrosa cadena de eventos orquestados por la mano soberana de Dios, José ascendió al poder en Egipto, y llegó a ser el segundo al mando, y su único superior era el mismo faraón.

Como gozaba de la completa confianza del faraón, el gobernante puso a José a cargo de la distribución de grano durante una severa hambruna que afectó la tierra. Sus hermanos, sin saber que ocupaba este cargo, fueron a Egipto para comprar grano durante la escasez. Después de un proceso, José les reveló su identidad y los perdonó. El faraón entonces recibió de buen grado a la familia de José en Egipto y les proveyó de tierra y una manera de vivir. Bajo la bendición divina y con el apoyo de José, los hebreos prosperaron, tal como lo describe el relato bíblico.

> "Todas las personas que descendieron de Jacob fueron setenta almas. Pero José estaba ya en Egipto.

6 Y murió José, y todos sus hermanos, y toda aquella
generación. 7 Pero los hijos de Israel fueron
fecundos y aumentaron mucho, y se multiplicaron y
llegaron a ser poderosos en gran manera, y la tierra
se llenó de ellos" (Éx. 1:5–7).

El versículo certifica que el futuro parecía bastante brillante para los hebreos.

Capítulo 1–2: Esclavitud

En los siguientes versículos, una oscura nube de dudas cae sobre el futuro de los hebreos cuando un nuevo faraón sube al poder.

"Y se levantó sobre Egipto un nuevo rey que no
había conocido a José; 9 y dijo a su pueblo: He aquí,
el pueblo de los hijos de Israel es más numeroso y
más fuerte que nosotros. 10 Procedamos, pues, astu-
tamente con él no sea que se multiplique, y en caso
de guerra, se una también con los que nos odian y
pelee contra nosotros y se vaya de la tierra"
(vv. 8–10).

La errónea actitud del faraón permitió que sus temores pudieran más que él. La inseguridad del rey se manifestó rápidamente en una terrible opresión, y trató de subyugar a los descendientes de Jacob. Pero los hebreos continuaron creciendo en número y en fuerza. El faraón tuvo una terrible idea. Se le ocurrió que el infanticidio sería la única respuesta, y por ello ordenó a las parteras hebreas que mataran a todo niño varón hebreo cuando atendieran el parto. Sin embargo, las parteras temieron más a Dios que al rey y preservaron la vida de los niños.

Mientras los pequeños estaban siendo librados de la muerte, también el plan de Dios para librar a toda la raza hebrea estaba poniéndose en marcha.

Debido al gran temor y en un último recurso para salvar la vida de su hijo, una mujer hebrea, puso al nene en una canasta y lo escondió entre los juncos del Nilo. La hija del faraón lo encontró y decidió criarlo como si fuera su hijo. Irónicamente, sin saberlo, contrató a la verdadera madre del niño para que lo amamantara. Con sangre hebrea corriendo por sus venas, al niño lo alimentó su misma madre con leche hebrea, y se educó en las cortes de Egipto. Aprendió sus costumbres, el idioma y la religión. Todo indicaba que estaba siendo educado para Egipto, pero Dios tenía un plan mejor.

Sin darse cuenta del plan de Dios, pero con todo, queriendo ayudar a su pueblo, Moisés tomó los asuntos en sus manos y mató a un egipcio que estaba maltratando a un esclavo hebreo. La palabra corrió y le llegó rápidamente al faraón, el cual trató de matar a Moisés. Así que Moisés huyó a la tierra de Madián, y permaneció en la oscura y solitaria vida pastoral, hasta que Dios lo llamó para dirigir a un rebaño muy grande y de tipo muy diferente.

Capítulos 3–12: Liberación

Moisés había permanecido cuarenta años en Egipto, otros cuarenta en el desierto de Madián y ahora, tenía ochenta años. A la edad en que la mayoría de los hombres están listos para despedirse de todo, Dios llamó a Moisés al más grande desafío de su vida: la liberación del pueblo hebreo.

> El plan [de Dios] giraba en torno a cierto pastor de ochenta años, envejecido en los desiertos del Sinaí. Moisés distaba mucho del refinado caballero que había sido. Estando en el campo, curtido por el viento y bronceado por el sol, con barba larga y pelo enredado, fue seleccionado para hacer el papel de profeta del desierto que entra marchando en la corte egipcia. . . .
>
> Un día polvoriento, a la sombra del monte Sinaí, el pastor alcanzó a ver una zarza que ardía, pero que no se consumía. Al acercarse, una voz desde las llamas lo llamó por nombre. "No te acerques," le dijo la voz. "Quítate las sandalias, porque el lugar en que estás parado es tierra santa. Yo soy el Dios de tu padre, el Dios de Abraham, el Dios de Isaac, y el Dios de Jacob." Moisés quedó aterrado.
>
> "En verdad he visto la situación miserable de mi pueblo en Egipto," siguió Dios. "Así que he descendido a rescatarlos. Así, te estoy enviando al faraón para que saques a mi pueblo, los israelitas, de Egipto." [1]

Moisés se resistió a la comisión y aun trató de convencer a Dios arguyendo que no estaba calificado para la tarea. Pero Dios respondió que el poder para la liberación dependía de Él mismo. Dios había

1. Karen Lee-Thorp, *The Story of Stories*, ed. rev. (Colorado Springs, Colo.: NavPress, 1995), pp. 39-40.

decidido libertar a su pueblo de la esclavitud, y así el plan ya estaba preparado. Moisés y su hermano Aarón fueron a Egipto para enfrentarse al gobernante. Por supuesto, el faraón no estaba dispuesto a dejar ir a su gigantesca fuerza laboral hebrea barata. Se resistió a las repetidas demandas de Moisés de dejar libres a los israelitas, hasta que, finalmente, después de ver el poder de Dios demostrado en una serie de plagas, no tuvo otra alternativa que dejar ir al pueblo.

Durante la plaga final, que fue la muerte del primogénito de Egipto, Dios demostró su amor especial y protección de Israel con la institución de la Pascua. Siendo que el juicio del Señor había "pasado por encima" de ellos debido a la sangre de los corderos sacrificados, que habían untado en los postes de sus puertas, según la instrucción divina, los hebreos ahora sabían que eran posesión de Dios.

> "Y sucedió que al cabo de los cuatrocientos treinta años, en aquel mismo día, todos los ejércitos del SEÑOR salieron de la tierra de Egipto" (Éx. 12:41).

Capítulos 13–18: Peregrinaje

Así que los hebreos salieron de Egipto siguiendo a su libertador, Moisés, quien a su vez estaba dirigido por Dios, el Libertador máximo. Ellos debían ser su pueblo, y Él iba a ser su Dios. Ellos debían adorarle y recordar su protección celebrando la Pascua. Él los escoltaría, mediante nube y fuego, a la tierra que le había prometido a Abraham siglos antes. No obstante, no llevó mucho tiempo para que el pueblo empezara a preguntarse si Moisés, y Dios, sabían lo que estaban haciendo.

Los dos millones de israelitas de pronto se hallaron acorralados entre el mar y el ejército del faraón que se acercaba velozmente. El faraón se dio cuenta del gigantesco vacío económico y social que la ausencia de los hebreos dejaría en su reino, y decidió hacerlos volver a la fuerza.

Cuando cundía el pánico, los hebreos muy molestos y rezongando acudieron a Moisés: "¿Acaso no había sepulcros en Egipto para que nos sacaras a morir en el desierto? " (Éx. 14:11). Pero Dios no los había sacado para hacerlos morir. Los llevaba en un éxodo hacia su liberación, para que sean testigos de su gran poder. Dios abrió un camino por medio del Mar Rojo, y después de que los israelitas cruzaron, Dios hizo que las aguas volvieran a su lugar y destruyeran el ejército egipcio que perseguía al pueblo.

Al rescatarlos y destruir a sus enemigos Dios le mostró al pueblo que no sólo era el Dios que libra, sino también el Dios que estaría cerca en todo el viaje. A pesar de sus quejas y falta de fe, Dios milagrosamente les proveyó de agua para beber y pan para comer.[2] Finalmente llegaron al Sinaí, donde Dios estaba listo para entregarles su ley.

Capítulos 19–24: Ley

El plan de liberación había dado una vuelta completa, y Dios había llevado a los israelitas al mismo monte donde anteriormente había comisionado a Moisés. Ahora, era el pueblo el que sería comisionado. Ellos serían exhortados para que obedezcan a Dios, sigan sus leyes y sean una nación santa.

La Ley mosaica incluye no sólo los Diez Mandamientos, que sirven como sumario de las normas morales divinas (Éx. 20), sino también todas las instrucciones civiles y sociales para el pueblo de Dios (caps. 21–23). Después de conocer la ley de Dios, los israelitas entusiastamente acordaron acatarla (24:7).

Sin embargo, pronto descubrieron lo que Dios ya sabía, es decir, que gente pecadora no puede obedecer la ley de Dios por sus propias fuerzas.

Esto muestra una verdad y levanta una pregunta muy interesante. La verdad es que tenemos una inclinación natural a pecar. La pregunta es, ¿por qué Dios dio la Ley si sabía que no podíamos guardarla? La Biblia nos responde mostrando, primero, que la Ley ilustra el carácter de Dios. Dios es santo, bueno, puro y justo. Nosotros, sin embargo, no lo somos, y eso, la Ley lo revela muy claramente. Los pecadores debemos obtener santidad, bondad, pureza y justicia de una fuente externa. La única solución proviene de Dios mismo. Así que, un segundo propósito de la Ley es hacer que nos percatemos de nuestra propia pecaminosidad y llevarnos a Cristo, de quien recibimos limpieza del pecado y posición justa delante de Dios (véase Rom. 7:7; Gál. 3:24).

Capítulos 25–40: Tabernáculo

El resto del libro de Éxodo está dedicado a la construcción y operación del tabernáculo, el lugar designado por Dios para el sacrificio y la adoración durante los días nómadas de los israelitas. La

2. Tanto el agua de la roca y el maná son símbolos de la presencia de Cristo con su pueblo, y su inagotable provisión de alimento espiritual (véase Juan 4:10 – 14; 6:31 – 35; 1 Cor. 10:1 – 4).

sección más grande del libro, estos dieciséis capítulos, proveen las instrucciones divinas detalladas en cuanto a las dimensiones del tabernáculo, sus materiales, mantenimiento y pureza.

¿Por qué tanto énfasis en la construcción de una carpa en el desierto? ¿Qué tienen que ver con la vida espiritual las pieles de carneros, postes de madera o sacrificios? El pastor y autor James Montgomery Boice explica la lección más importante del tabernáculo.

> Tenemos una dramatización de la santidad de Dios en las leyes dadas para la construcción del tabernáculo judío. En cierto nivel, el tabernáculo fue construido para enseñar la inmanencia de Dios, la verdad de que Dios siempre está presente con su pueblo. Pero, por otro lado, también enseñaba que Dios es separado de su pueblo debido a su santidad y el pecado de ellos, y por consiguiente, la única manera de acercarse a él, es de la manera en que él determina.
>
> . . . El punto del tabernáculo era que el hombre o mujer pecador no puede simplemente "meterse a la fuerza" ante el Santo. Se entendía que Dios simbólicamente moraba en la cámara más interior del tabernáculo, conocida como el "Lugar Santísimo." . . . Sólo una persona podía entrar; era el sumo sacerdote de Israel; e incluso él podía entrar sólo una vez al año, y después de haber hecho primero sacrificios por sí mismo y por el pueblo en el atrio exterior.[3]

Más adelante, en el Nuevo Testamento, el escritor de Hebreos reveló que la adoración en el tabernáculo simbolizaba a Cristo:

> "Por tanto, esforcémonos por entrar en ese reposo, no sea que alguno caiga siguiendo el mismo ejemplo de desobediencia. 12 Porque la palabra de Dios es viva y eficaz, y más cortante que cualquier espada de dos filos; penetra hasta la división del alma y del espíritu, de las coyunturas y los tuétanos, y es poderosa para discernir los pensamientos y las intenciones del corazón. 13 Y no hay cosa creada oculta a su vista, sino que todas las cosas están al descubierto

3. James Montgomery Boice, *Foundations of the Christian Faith*, ed. rev. (Downers Grove, Ill.: InterVarsity Press, 1986), pp. 128-29.

y desnudas ante los ojos de aquel a quien tenemos que dar cuenta. 14 Teniendo, pues, un gran sumo sacerdote que trascendió los cielos, Jesús, el Hijo de Dios, retengamos nuestra fe" (Heb. 9:11 – 14; véase también 8:1 – 6).

El Padre sacrificó a su propio Hijo y este llevó nuestros pecados en su cuerpo en la cruz. Por ello Dios por medio de Jesús nos ha dado acceso al Santo. Jesús es nuestro Sumo Sacerdote, limpio y puro. Si observa con atención los capítulos finales de Éxodo, podrá ver más que los planos de una carpa, y puede notar las huellas de los clavos de nuestro Salvador.

Internalizando Éxodo

El estudio de este libro nos permite destacar tres aplicaciones personales:

Primero, *la libertad duradera es resultado directo de la intervención de Dios*. La libertad nacional es muy buena e importante, pero es sólo temporal. En cambio, la libertad espiritual empieza aquí y dura para siempre. Cuando Dios nos rescata de las garras del pecado, nos hace libres para siempre. Le pertenecemos a Él, y estaremos con Él por toda la eternidad.

Segundo, *en el proceso de liberación, Dios usa instrumentos escogidos*. Moisés fue un gran instrumento de liberación, pero Dios fue quien dio libertad. También, en cierto sentido, algunos son instrumentos de liberación cuando nos hablan de la libertad que tenemos en Cristo. Incluso puede ser que Dios quiera usarlo a usted para abrir las cadenas del cautiverio de alguien al hablarles de las buenas nuevas de Jesucristo, pero es Cristo quien trae la libertad culminante y permanente.

Tercero, *la libertad debe ser balanceada con la sumisión a la autoridad de Dios*. Los israelitas, aunque fueron librados milagrosamente de Egipto, continuaron desobedeciendo y quejándose contra Dios. No es para eso que el Señor nos liberta. Él quiere que nos acerquemos a Él, y no que nos alejemos de Él. En Cristo tenemos la capacidad de obedecer, y en Él somos libres para seguir. En forma resumida, ese es el mensaje de Éxodo.

Nociones para Vivir

La libertad no siempre es fácil. A menudo es impredecible y a veces peligrosa. De hecho, puede ser profundamente aterradora. Simplemente pregúnteselo a los israelitas. La libertad se volvió tan dura para ellos que querían regresar a Egipto. Ellos dijeron "Mejor nos hubiera sido servir a los egipcios que morir en el desierto" (Éx. 14:12b). Ellos tuvieron esta mala actitud después de que Dios afligió a Egipto con diez plagas y los sacó de allí con la riqueza de la nación en sus bolsillos.

Una vez más se quejaron después de cruzar el Mar Rojo. De nuevo lo hicieron después de que Dios les proveyó del maná, y otra vez, después de que Él hizo brotar agua de la peña.

Al relacionarnos con estos ejemplos, somos movidos a preguntarnos: ¿por qué es que la adversidad presente tan a menudo nos hace olvidarnos de la fidelidad de Dios en el pasado? Tal vez necesitamos pensar un poco más en el pasado, y recordar cómo Dios, con su fidelidad y protección, ha demostrado ser digno de confianza en nuestro peregrinaje espiritual.

¿Ha hecho algo así últimamente? ¿Por qué no preparar una lista de cosas que Dios ha hecho por usted esta semana, este mes, este año pasado? Tal vez Él le dio un nuevo empleo o le ha mantenido en su trabajo. Posiblemente Dios consoló a su familia en alguna tragedia y con seguridad, en algún momento, Él evitó que usted sufriera daño. En distintas experiencias Dios le ha enseñado gentilmente sobre su amor y misericordia y, quizás, hasta le ha dado nuevos amigos.

____

____

____

____

____

Ahora, mantenga esta lista a mano para que la observe la siguiente ocasión en que le falle la memoria.

Capítulo 4

LEVÍTICO: EL LIBRO DIVINO ILUSTRADO SOBRE ADORACIÓN

Vistazo de Levítico

Imagínese que usted está asistiendo a una función vespertina de la sinfónica. La orquesta se halla en medio de una tranquilizadora presentación de *Las Cuatro Estaciones* de Antonio Vivaldi. De repente la música se detiene. El conductor se vuelve al público y empieza a explicar los aspectos técnicos de la composición. "Noten como la fermata acentuó el último compás," dice con aire engreído, y luego pregunta: "¿Los conmovió hasta las lágrimas el silencio de corchea con puntillo?"

Estoy convencido que usted querrá echarse a llorar, pero no porque le importe el silencio de corchea con puntillo, sino porque la música se ha detenido para enfatizar aspectos técnicos.

A menudo Levítico tiene el mismo efecto en muchos lectores. A muchos les parece que el flujo de la narración de Génesis y Éxodo es abruptamente interrumpido por los detalles ceremoniales y sacrificiales de este libro. Con ansia de que la música continúe, muchos lectores o bien avanzan vertiginosamente por Levítico, o simplemente lo hacen a un lado por completo.

Pero tal como los elementos técnicos contenidos en una composición musical son esenciales para su presentación total, así Levítico es esencial para la sinfonía de la Biblia. Al principio, el estudio de este libro puede parecernos engorroso e innecesario, pero mientras más lo escuchamos, más apreciaremos su belleza y su perfecta ubicación en la revelación de Dios. Los editores de la *New Geneva Study Bible*, en inglés, expresaron la importancia de Levítico de esta manera:

> Es importante tratar de entender los rituales de Levítico por dos razones. Primero, los rituales abarcan, expresan y enseñan valores e ideas que la sociedad considera muy preciados. Al analizar las ceremonias que describe Levítico, podemos aprender qué era lo más importante para los israelitas del Antiguo Testamento. Segundo, estas mismas ideas son fundamentales para los

LEVÍTICO

	El Camino de Dios ***Acceso*** El acercamiento: Ofrendas El representante: Sacerdote Las leyes: Limpieza *Físicamente* *Espiritualmente* *CAPÍTULOS* *1–17*	**El Andar con Dios** ***Estilo de Vida*** Pautas prácticas Observancias cronológicas Consecuencias severas Promesas verbales *CAPÍTULOS* *18–27*
Énfasis	Ritual (para la adoración)	Práctica (para la vida)
Lugar	Monte Sinaí . . . un año entero	
Pregunta Clave	¿Cómo puede una humanidad pecadora adorar a un Dios santo?	
Versículos Clave	17:11; 19:2; 20:7–8	
Término Clave	“Santo” (aparece 90 veces)	
Cristo en Levítico	Cada sacrifico y rito presenta un cuadro de Cristo	

escritores del Nuevo Testamento. Particularmente los conceptos del pecado, sacrificio y expiación que se hallan en Levítico se usan en el Nuevo Testamento para interpretar la muerte de Cristo.

. . . Levítico habla a la humanidad de toda época, recordándonos de la profundidad de nuestro pecado, pero también apuntándonos al sacrificio de Aquel cuya sangre es mucho más efectiva que la sangre de todos y machos cabríos.[1]

Con esto en mente, echemos un vistazo a este libro y sus retratos a lápiz de Cristo.

Un Poco de Trasfondo

Un poco de historia nos ayudará a entender el contenido de Levítico.

El Nombre

Levítico, que viene del latín y del título griego del libro, quiere decir "sobre los levitas" o "relativo a los levitas."

> Los levitas eran la tribu de Israel de la que se seleccionaban los sacerdotes. Eran los responsables de mantener las instalaciones y prácticas de la adoración en Israel. El título es muy apto, porque el libro trata primordialmente del culto y de lo que es apropiado para la adoración. Sin embargo, no se dirige sólo a los sacerdotes o levitas, sino también a los israelitas laicos, diciéndoles cómo ofrecer sacrificios y cómo entrar a la presencia de Dios en adoración.[2]

La Ocasión

¿Por qué se escribió Levítico y para qué propósito sirvió en la vida de los israelitas? Recuerde que el libro de Éxodo relata la liberación del pueblo hebreo. Dios los libró de Egipto y para sí mismo a fin de hacerles una nación santa, posesión de Dios (véase Éx. 19:5–6). Levítico detalla cómo los israelitas iban a llegar a ser una nación

1. *New Geneva Study Bible*, ed. gen. R. C. Sproul, ed. del Antiguo Testamento Bruce Waltke (Nashville, Tenn.: Thomas Nelson Publishers, 1995), pp. 153, 154.

2. *New Geneva Study Bible*, p. 154.

santa, cómo debían dar reverencia a Dios, como acercarse a su presencia, cómo debían tratarse unos a otros, y cómo debían reflejar a Dios en todo aspecto de la vida.

El contenido de Levítico fue dado a los israelitas durante el año que acamparon al pie del monte Sinaí. Esto fue después de que salieron de Egipto y antes de empezar su peregrinaje por el desierto. El comentarista R. Laird Harris explica que durante ese año

> Moisés pasó ochenta días en el monte con Dios. Luego el pueblo de Israel, por instrucción de Moisés, construyó el tabernáculo del desierto. Durante ese año Moisés organizó a la nación, formó el ejército, estableció cortes y leyes, y ordenó el culto formal. Fue un año muy atareado. Aunque la mayoría de las leyes . . . que Moisés trazó en ese tiempo se hallan en Éxodo y Números, Levítico es el libro de la Ley por excelencia.[3]

Mientras estuvieron acampados al pie del monte de Dios, los israelitas aprendieron que Dios estaba interesado en más que simplemente rescatarlos. Comprendieron que el Dios santo quería tener una relación personal con su pueblo pecador. El pueblo aprendió que Dios estaba dispuesto a descender de su montaña para morar entre ellos y salvar la brecha entre la deidad y la humanidad.

Un Vistazo General a la Estructura

Levítico se divide nítidamente en dos secciones principales: El camino a Dios (capítulos 1–17) y el andar con Dios (capítulos 18–27).

El Camino a Dios: Capítulos 1–17

Leyes en cuanto a las ofrendas: Capítulos 1–7. En su inmensa misericordia Dios proveyó una manera para que la humanidad pecadora se acerque al Dios Santo. Su formula era que mediante un sacrificio de sangre, el inocente moriría vicariamente por el culpable. Esto se resume en el versículo clave de Levítico:

3. R. Laird Harris, "Leviticus," en *The Expositor's Bible Commentary* (Grand Rapids, Mich.: Zondervan Publishing House, Academic and Professional Books, 1990), pp. 501-2.

> “Porque la vida de la carne está en la sangre, y yo os la he dado sobre el altar para hacer expiación por vuestras almas; porque es la sangre, por razón de la vida, la que hace expiación” (17:11; véase también Heb. 9:22).

Para nosotros, gente sofisticada del siglo veintiuno, esto no solo suena extraño, sino también, bárbaro, pero ese fue el plan extraordinario que Dios preparó. Levítico nos recuerda que para recibir perdón y limpiamiento debemos venir a Dios en sus términos, de acuerdo a sus indicaciones y no de acuerdo a nuestras ideas.

Los primeros siete capítulos de Levítico prescriben la manera apropiada para que los laicos hebreos y el sacerdocio ofrezcan sacrificios al Señor. Al observar con cuidado podrá notar que los cinco tipos de ofrendas muestran una característica diferente de Jesucristo, el sacrificio máximo.

Ofrendas Levíticas	*Cuadro de Cristo*
Holocauso (cap. 1; 6:8–13)	Su consagración total a la voluntad del Padre
Ofrenda de Grano (cap. 2; 6:14–23)	Su servicio sin pecado
Ofrenda de Paz (cap. 3; 7:11–36)	Su obra en la cruz, que nos permite tener comunión con Dios
Ofrenda por el Pecado (4:1–5:13; 6:24–30)	Llevó nuestros pecados
Ofrenda por la Culpa (5:14–6:7; 7:1–10)	Su pago por el daño del pecado

Leyes en cuanto al sacerdocio: Capítulos 8–10. Esta sección describe todos los deberes sacerdotales específicos, incluso lo que debían vestir, cómo prepararse, cuáles animales sacrificar y cómo ofrecerlos, dónde colocarse, qué decir, qué beber y qué comer. Sin duda era una descripción de trabajo intimidante y el capítulo 10 nos muestra lo que sucedió cuando dos hijos de Aarón tomaron a la ligera estas leyes. La enseñanza es clara, Dios nunca ha tomado el culto a la ligera, tampoco nosotros debemos hacerlo.

Leyes en cuanto a la pureza: Capítulos 11–17. Añadiendo al cuadro de la distancia entre un Dios santo y una humanidad pecadora, los capítulos 11–17 enfatizan la limpieza e impureza en la dieta, higiene, enfermedades y el Día de la Expiación.

El Andar con Dios: Capítulos 18–27

Habiendo señalado en los capítulos 1–17 los detalles específicos para acercarse a Dios, Moisés ahora presenta los detalles de los requisitos para andar con Dios diariamente.

Vida Santa: Capítulos 18–22. Esto tiene mucho sentido. El Dios santo que nos permite acercarnos a Él, sin duda espera que le sigamos viviendo una vida santa. Observe lo que comunicó a los israelitas:

> "No haréis como hacen en la tierra de Egipto en la cual morasteis, ni haréis como hacen en la tierra de Canaán adonde yo os llevo; no andaréis en sus estatutos. 4 "Habréis de cumplir mis leyes y guardaréis mis estatutos para vivir según ellos; yo soy el SEÑOR vuestro Dios. 5 "Por tanto, guardaréis mis estatutos y mis leyes, por los cuales el hombre vivirá si los cumple; yo soy el SEÑOR" (18:3–5).

Los israelitas pertenecían a un Dios santo, y Él esperaba que ellos mismos sean santos (19:2; 20:7). La santidad debía ser parte de todo aspecto de la vida. La familia, las relaciones personales, el culto, su sexualidad, el tratamiento a los pobres e incluso el arreglo personal, debían reflejar la pureza del carácter de Dios.

Fechas Santas: Capítulos 23–25. Los siguientes tres capítulos enfocan los festivales que los israelitas debían celebrar. El *Harper's Bible Dictionary* nos dice que estas

> fiestas y festivales eran ocasiones de alegría. Eran ocasiones para dar gracias a Dios por las bendiciones y conceder alivio a los pobres y oprimidos. A menudo iban acompañadas de cantos, música instrumental, danzas, comidas especiales y sacrificios.[4]

4. Paul J. Achtemier, *Harper's Bible Dictionary* en Logos Software (San Francisco, Calif.: Harper and Row, Publishers, 1985).

También los festivales, tales como el tabernáculo y los sacrificios, eran un cuadro del Mesías que había de venir.

> La Pascua habla de la muerte sustitutiva del Cordero de Dios. Cristo murió el día de la Pascua. El pan sin levadura habla del andar santo del creyente (1 Cor. 5:6–8). El festival de las primicias habla de la resurrección de Cristo como las primicias de la resurrección de todos los creyentes (1 Cor. 15:20–23). Cristo resucitó el Día de las Primicias. Pentecostés habla del descenso del Espíritu Santo después de la ascensión de Cristo. Las Trompetas, el Día de la Expiación, y los Tabernáculos hablan de eventos asociados con la segunda venida de Cristo. A esto tal vez se debe que estas tres van separadas por una larga brecha de las primeras cuatro, en el ciclo anual de Israel.[5]

Así que los festivales sirven no sólo para recordarles a los israelitas su relación personal con Dios, sino también bosquejan un cuadro de la persona y obra de Jesucristo.

En el capítulo 26 Dios advierte claramente a Israel que prosperarán solo si obedecen sus mandamientos, y que los castigará si no obedecen. El capítulo 27 concluye el libro con pautas para dedicar al Señor a las personas, animales y posesiones.

Levítico para Hoy

Quienes aman el estudio de la Palabra y desean aplicarla, se preguntan ¿cómo se aplica a los creyentes de hoy este libro de ley? Nuestro estilo de vida es muy diferente. Nosotros no acarreamos borregos al altar para sacrificarlos. Tampoco nuestros calendarios están atiborrados con un régimen de limpieza ceremonial. En lo que tiene que ver con festivales, uno halla Navidad y Resurrección en el calendario cristiano, pero no una Fiesta de los Tabernáculos. ¿Dónde podemos descubrir la aplicación?

5. Bruce Wilkinson y Kenneth Boa, *Talk Thru the Bible* (Nashville, Tenn.: Thomas Nelson Publishers, 1983), p. 22. Aunque el Día de la Expiación claramente representa el sacrificio de Cristo por el pecado "de una vez y para siempre," el que se lo agrupe con el Día de las Trompetas y el Día de los Tabernáculos tal vez sugiera la salvación de los judíos en la segunda venida de Jesús.

El libro de Hebreos es nuestra clave para descubrir la significación espiritual de Levítico. De hecho, G. Campbell Morgan llega a decir:

> Siempre hay que mantener juntos a Levítico y Hebreos en el estudio bíblico. Lo digo francamente a toda persona que piensa que está estudiando Hebreos, que si no estudia también Levítico, no conoce Hebreos, porque uno debe conocer el libro de Levítico para entender Hebreos. Hebreos muestra el cumplimiento de todo lo que Levítico sugiere.[6]

Y por su parte, el autor de Hebreos nos dice cómo deben ver el material de Levítico los que ya no están bajo la Ley. Sus explicaciones nos muestran que debemos verlo como símbolos (Heb. 9:9), como copia de las realidades celestiales (v. 23), "sombra de los bienes futuros" (10:1). Porque lo que los ritos del Antiguo Testamento pintaban en tipo y sombra, Cristo lo ha realizado en la realidad.

Así que la lectura de Levítico es muy importante y al hacerlo debemos alegrarnos. No sólo porque somos libres de las engorrosas observancias de ceremonias y ritos, sino debido a la razón por la que somos libres: Jesucristo mismo. No tenemos necesidad de llevar sacrificios, porque Él es el sacrificio final. Ya no hay necesidad de sacrificios, ya no son necesarios los deberes diarios de los sacerdotes, porque Jesús es el Gran Sumo Sacerdote cuya obra terminada en la cruz nos da acceso a Dios sin estorbo. Por Cristo somos limpiados. El mismo libro nos enseña que sólo en Él podemos cumplir el mandamiento de Dios cuando dice: "Seréis santos porque yo, el SEÑOR vuestro Dios, soy santo" (Lev. 19:2).

Nociones para Vivir

Para el hebreo acampado en la base del monte Sinaí, aprender acerca de Dios no fue una opción. En toda dirección en que el israelita se volvía, Dios estaba allí. Los velos del tabernáculo representaban

6. G. Campbell Morgan, *The Unfolding Message of the Bible* (Westwood, N.J.: Fleming H. Revell Co., 1961), p. 51.

su santidad que lo separaban del campamento. El tratamiento de las enfermedades era un cuadro del desdén de Dios por el pecado y su pasión por la pureza. El balido de las ovejas y aroma de los cadáveres ardiendo servía como un recordatorio de su plan y gracia para unir a la humanidad pecadora con una deidad santa. La realidad de un Dios vivo permeaba todo resquicio de la vida.

En Levítico la Palabra de Dios nos muestra un estilo de vida integral muy diferente del cristianismo por compartimientos tan popular en nuestros días. Para muchos Dios a menudo es una añadidura. Algunos lo ven como una ficha más en el juego de la vida o un casillero más en el calendario. Para muchos que solo asisten a un templo, Dios es real durante el culto el domingo, pero no siempre permea constantemente el resto de sus vidas.

Algunas preguntas le ayudarán a realizar una sabia evaluación:

¿Ocupa Dios solo ciertos compartimientos en su vida, o llena Él todo resquicio? ¿Es Él una añadidura, o lo es todo?

____

____

____

____

____

¿En qué aspectos de su vida parece que ha dejado a Dios afuera? Mencione algunos.

____

____

____

____

____

Dedique unos momentos para orar y pedirle a Dios que llene esos espacios. Esta semana preste atención en especial a esos "compartimientos," determine derribar las paredes que limitan el control divino y permíitale tener señorío.

Escarbando más Hondo

El estudio de Éxodo y Levítico es fascinante pues muchas de sus enseñanzas pintan en sombra a Cristo. Pero existe otra verdad muy profunda y es que cuando uno conoce la sustancia que está detrás de la sombra, la Biblia cobra nuevo significado y vida. La siguiente tabla muestra algunas de las sombras clave del Antiguo Testamento con sus realidades del Nuevo Testamento.

Sombra	*Sustancia*
tabernáculo	evangelio
santuario (Lugar Santo y Lugar Santísimo)	cielo
atrio exterior	tierra
mobiliario del tabernáculo	ministerios de Cristo
altar de bronce	Calvario
lavatorio	la impecabilidad de Cristo
candelero	ministerio de impartición del Espíritu Santo
tabla de los panes de la proposición	poder sustentador de Cristo para el creyente
altar del incienso	el ministerio intercesor de Cristo
Lugar Santísimo	presencia de Dios
arca del pacto	justicia de Dios
propiciatorio	misericordia de Dios
velo	acceso a Dios logrado por la muerte física de Cristo
sumo sacerdote	Cristo
levitas	ministros del evangelio
perfección física del sacerdote, animales para el sacrificio	impecabilidad de Cristo
sangre	vida y muerte sacrificial de Cristo
chivo expiatorio	muerte de Cristo fuera de las puertas de Jerusalén

Sombra	*Sustancia*
Día de la Expiación	sacrificio único de Cristo por los pecados del mundo.
sacrificios de animales	vida y muerte sacrificial de Cristo
holocaustos	consagración de Cristo a Dios, consagración de los santos a Dios
ofrenda de grano	servicio de Cristo a la humanidad, nuestro servicio de unos a otros
ofrenda por el pecado	provisión de Cristo de la expiación y nuestra apropiación de ella
ofrenda de paz	nuestra reconciliación con Dios por el sacrificio de Cristo, reconciliación de unos con otros
Egipto	el mundo y su esclavitud
Canaán	el mundo de la libertad del creyente y su victoria en Dios
Israel	la iglesia, el pueblo de Dios
desierto	creyentes descarriado[7]

7. Adaptado de Roy Lee DeWitt, *Teaching from the Tabernacle* (1986, reimpresión, Grand Rapids, Mich.: Baker Book House, 1988), p. 103.

Capítulo 5

NÚMEROS: PEREGRINAJE TRÁGICO

Vistazo de Números

Mientras Judá estaba frente a ese hombre inocente que colgaba en una cruz, probablemente no se daba cuenta de que estaba precisamente donde Dios quería tenerlo. Su peregrinaje, como el del crucificado, había llegado a su destino predeterminado.

Tiempo atrás había sido un judío prominente, rico y bien respetado en la comunidad, pero Judá lo perdió todo en un relámpago de confusión y traición. Fue declarado culpable de un crimen que no cometió, sentenciado a los remos de una galera romana de guerra, y su familia fue echaba en la cárcel.

Sin embargo, Dios aún estaba con Judá. En camino a la nave, él y sus compañeros esclavos marcharon por Nazaret. Desmayado por la sed y el agotamiento, recibió agua de un carpintero cuya compasión le dio ánimo y nueva voluntad para vivir. Más tarde sobrevivió en una sangrienta batalla en el mar y salvó la vida de un prominente oficial romano, que lo adoptó como hijo. Ahora como hombre amargado y furioso, Judá usó su nueva posición y ciudadanía para confrontar a su acusador y en un tiempo su amigo, Mesala.

En una mortal carrera de cuadrigas Judá derrotó a Mesala, quien le confesó que su familia todavía estaba con vida, pero que se habían enfermado de lepra en la prisión. Judá oyó de un hombre de Galilea que sanaba a los enfermos en Jerusalén, así que llevó a su madre y hermana en busca del sanador. Sin embargo, cuando halló a Jesús, éste estaba llevando una cruz al Gólgota. Al darse cuenta que era el hombre que le había dado agua, Judá siguió a Jesús. Allí volvieron a cruzarse sus sendas.

Mientras contemplaba al Hijo de Dios, vio lo inolvidable, contempló lo increíble. Vio a Jesús mirar a sus verdugos y oyó que le pedía al Dios del cielo que los perdonara "porque no saben lo que hacen." Todo el odio que Judá había encerrado en sus puños crispados por las injusticias que había sufrido en su vida, pareció escapársele de sus manos ahora abiertas. Al fin, al pie de la cruz, Judá Ben Hur halló paz y perdón.

NÚMEROS

	Preparación	**Pesimismo**	**Castigo**
	Censo Organización Santificación	Quejas Dudas Rechazo de la Tierra Prometida	Peregrinaje Muere la Generación Vieja Nuevo Censo
	CAPÍTULOS *1–9*	*CAPÍTULOS* *10–14*	*CAPÍTULOS* *15–36*
Tiempo	20 días	Varios meses	38 años
Lugar	Monte Sinaí	En ruta a Cades-barnea	Vagando por el desierto
Tema	Precio de incredulidad y desobediencia		
Versículos Clave	14:22–23		
Palabra Clave	Desierto		
Cristo en Números	Cuadro de Cristo en el maná (compárese con Juan 6:31–33); agua de la roca (compárese con 1 Cor. 10.4); serpiente de bronce (compárese con Juan 3:14); en la profecía de Balaam (Núm. 24:17); columna de nube y de fuego; ciudades de refugio		

El suyo fue un arduo, pero necesario peregrinaje, porque el plan de Dios fue llevar a Judá Ben-Hur a la cruz y ponerlo frente al Salvador que en ella moría.

Si la película *Ben Hur* tiene una lección para los creyentes, esta debería ser que no estamos solos en nuestro peregrinaje espiritual. Dios es fiel, incluso cuando nosotros no lo somos. Él siempre sabe hacia dónde nos dirigimos, incluso cuando nosotros nos sentimos perdidos. Dios nunca nos abandona, aunque a veces pensamos que lo ha hecho. Su camino, siempre es el mejor.

Si los israelitas tan sólo hubieran aprendido estas lecciones, el libro de Números tal vez nos presentaría una historia muy diferente.

Preparándose para la Tierra Prometida

Los israelitas pasaron un año al pie del monte Sinaí recibiendo la Ley de Dios y construyendo el tabernáculo. Ahora, en preparación para su viaje a la Tierra Prometida, Dios le ordenó a Moisés que organizara y contara al pueblo. La Septuaginta tomó este tema de censar al pueblo y con esa base le dio al libro el nombre de Números. El título hebreo, sin embargo, *Benidbar*, recalca el peregrinaje vagando y quiere decir "en el desierto." [1]

¿Puede imaginarse la logística de mudar una nación entera a otro país? El censo reveló un total de 603.550 hombres (Num. 2:32). Y estos eran sólo los hombres que podían salir a la guerra. Esta cifra no incluye ni a las mujeres, ni a los niños, ni a los levitas. Así que la compañía completa de israelitas bien podía haber sumado dos y medios millones, o más. Tenían que empacar, desmantelar el tabernáculo, moverse, y luego armar su campamento en otro sitio. Al leer este libro notará que hicieron esto vez tras vez.

Sin atascarnos en la matemática, hay otro número que vale la pena notar. Hacia el fin del libro, Dios le instruye a Moisés a que tome *otro* censo (26:2). Es casi cuarenta años más tarde, y sin embargo el total esta vez es de apenas 1.820 hombres *menos*. La pregunta lógica es ¿qué sucedió? La lección es importante y clara pues los eventos que tuvieron lugar entre este segundo censo y el primero nos muestran la fidelidad de Dios, y las consecuencias de la infidelidad de su pueblo.

1. Bruce Wilkinson y Kenneth Boa, *Talk Thru the Bible* (Nashville, Tenn.: Thomas Nelson Publishers, 1983), p. 28.

Vistazo Panorámico del Viaje

Un vistazo panorámico de Números nos dará una noción global del libro y nos permitirá sentir cómo el peregrinaje por el desierto encaja allí. Tres secciones principales relatan el peregrinaje de los israelitas.

Monte Sinaí: Capítulos 1:1–10:10

¡Qué tiempo de expectación debe haber sido este para los israelitas! Habían sido librados de la esclavitud de Egipto y habían recibido la santa Ley de Dios. Ellos era objetos del afecto fiel de Dios y su identidad ya no dependería de las naciones que los rodeaban, pues eran posesión singular y personal del Señor del cielo.

Dios anhelaba moldearlos en una nación santa que reflejara su carácter (tarea no pequeña). Así que los retuvo al pie del monte Sinaí por algo así como un año para enseñarles, organizarlos y prepararlos para vivir en la tierra que le había prometido a Abraham. Esta primera sección representa las tres semanas finales del campamento de Israel en Sinaí.

Camino a Cades-barnea: Capítulos 10:11–14:45

Después de un año en el Sinaí, llegó el momento de avanzar. Imagínese la escena. La nube de Dios se elevó por encima del tabernáculo de reunión y empezó a avanzar lentamente hacia el norte. Sacaron las estacas, los levitas empacaron el tabernáculo para transportarlo, y las doce tribus avanzaron en secuencia. Como viajeros después de un largo descanso, los israelitas finalmente recibieron la instrucción de dejar el Sinaí y dirigirse hacia la Tierra Prometida.

Pero la alegría pronto se convertiría en desaliento cuando los israelitas empezaron a quejarse contra Dios. Esto no era extraño pues era lo que tendían a hacer cuando el viaje se hacía difícil. ¿De qué se quejaban? Estaban molestos por el menú: se cansaron del maná. No importó que sea la provisión de Dios milagrosa y diaria para ellos. No importó que los mantuviera con vida en el desierto, donde no había ni peces, ni animales, ni plantas comestibles. ¿A quién le importaba que se lo entreguen en su campamento fresco todas las mañanas (excepto el sabat, cuando debían haber recogido una porción doble el día anterior)?

Lo que querían era carne, como la habían tenido en Egipto. "¿Quieren carne? " respondió Dios. " ¡Voy a darles carne! " El cielo se ennegreció con codornices, hasta que los israelitas las vieron en montones hasta sus rodillas. Mientras se hartaban, la ira de Dios ardió contra ellos. Como castigo por sus quejas los azotó con una plaga.

Que lección más interesante. Es que a veces Dios nos da lo que queremos y pedimos, pero eso no satisface si lo obtenemos mediante la desconfianza y desobediencia.

Las cosas empeoraron. Miriam y Aarón, hermana y hermano de Moisés, se quejaron por el liderazgo de Moisés, y eso hizo que Dios castigara a Miriam con lepra. El acto más asombroso de rebelión, sin embargo, y el momento decisivo del libro, aparece en el capítulo 13. En Cades-barnea los israelitas estaban al borde de la Tierra Prometida. Moisés envió a doce espías para que exploraran la tierra, que Dios ya había prometido dársela a ellos, y todos excepto dos volvieron con un informe negativo. Pronto todo el campamento se llenó de miedo y mostraron su falta de fe y obediencia, con la excepción de Caleb, Josué y Moisés.

Esa fue la última gota. Dios había oído suficientes quejas de un pueblo sin fe y no tuvo otra alternativa que castigarlos. Así que sentenció a los israelitas a vagar por el desierto por treinta y ocho años, hasta que toda la generación de quejosos muriera.

Deambulando por el Desierto: Capítulos 15–36

Qué triste historia. La generación del Éxodo no sería la generación de la conquista. En lugar de llevar a la Tierra Prometida a la generación de quejosos, Dios decidió empezar de nuevo. Todo hombre de veinte años para arriba, excepto Caleb, Josué y Moisés, por decreto divino morirían en el desierto.

A pesar de este juicio trágico, el pueblo continuó luchando con su terquedad e incredulidad. Coré encabezó una rebelión contra Moisés, y en castigo divino, la tierra se abrió y los tragó vivos a él y a sus seguidores. Pero los israelitas no aprendieron la lección y siguieron rezongando contra Moisés y Aarón. Así que Dios hizo que Moisés reuniera una vara de cada una de las doce tribus; luego hizo que la vara de Aarón milagrosamente reverdeciera y produjera almendras como prueba irrefutable de que él era la selección de Dios.

Si se pregunta si esto convenció finalmente al pueblo de que debía respetar a Moisés y Aarón, los dirigentes nombrados por Dios, la respuesta es que mostraron que no en el momento en que tuvieron sed. Este episodio frustró tanto a Moisés que cuando Dios le dijo que le *hablara* a la peña para que brote agua (otra sombra de Cristo, de paso), Moisés la golpeó dos veces. Pero esa desobediencia también le costó caro al líder. Moisés perdió el privilegio de entrar a la Tierra Prometida.

Después de treinta y ocho años de quejas y juicio, pecado y castigo, arrepentimiento y perdón, guerras y liberación, la nueva generación se preparó para tomar posesión de Canaán. Recibieron nuevas instrucciones, se tomó un nuevo censo, y Josué fue nombrado sucesor de Moisés. A diferencia de sus predecesores, esta generación parecía estar escuchando a Dios y confiando en su protección.

Lecciones de Números

Los peregrinajes de los israelitas, entre muchas, nos dejan tres verdades importantes.

1. *Las quejas por lo general son contagiosas*. La queja muy rara vez se detiene con una persona. El informe negativo de los espías en Cades-barnea de inmediato logró que todo el campamento empezara a quejarse. Este episodio y otros lograron que actitudes de ingratitud, absorción consigo mismos, el miedo y la desesperación pronto se infiltraran en las filas de los israelitas. Se concentraron tanto en sí mismos que se olvidaron de la bondad de Dios y su propósito para su pueblo santo. Las quejas sí son contagiosas, pero no olvide que una confianza positiva en Dios puede ser mucho más contagiosa y producir mejores resultados.

2. *Las dudas a menudo son desastrosas*. Hay una clase saludable de duda. Mediante ella luchamos por saber quién es Dios y Él, por su gracia, se revela a sí mismo de una manera que fortalece nuestra fe. Pero hay otra clase de duda que raya en crasa incredulidad.

Los israelitas habían visto el poder de Dios, su fidelidad, provisión, presencia y liderazgo. Sin embargo, dudaron de su bondad y tenían temor de que Dios no siguiera protegiéndolos. Incluso pensaron que Dios los había llevado al desierto para destruirlos cuando por su incredulidad, fueron castigados.

Nuestra historia no es tan diferente pues a menudo Dios debe rescatarnos, darnos de comer, protegernos y guiarnos para que nos convenzamos de su gran fidelidad.

3. *Andar errante siempre es una lección en humildad*. Los israelitas estaban muy cerca de llegar a su destino. Cuando rehusaron confiar en el Señor en Cades-barnea, se hallaban en el mismo borde de la Tierra Prometida. Podían haber entrado en cuestión de días, pero Dios no quería un pacto con un pueblo quejumbroso y sin fe. Así que

los hizo andar errantes por el desierto por treinta y ocho años, hasta que esa generación murió.

Dios tiene maravillosos recursos para tratar con nuestra falta de confianza. A veces nos permite andar errantes, y aunque parece que no existe una meta, todo camino tiene un propósito si está dirigido por Dios. Dios usa lo increíble para quebrantar nuestro orgullo, humillar nuestro corazón y darnos la oportunidad de empezar de nuevo.

Nociones para Vivir

Yo no tengo un camello. Sólo armo mi carpa cuando salgo a acampar (lo que casi nunca hago). Adoro a Dios en un templo, y no en un tabernáculo. Sin embargo, a menudo siento cierta identificación con los israelitas nómadas de la antigüedad. Cuán a menudo mi peregrinaje espiritual es muy similar al de ellos.

A veces me siento como si estuviera acampando al pie del Sinaí, maravillándome de la santidad de Dios y empapándome en su palabra. En esas ocasiones me contento con quedarme quieto y oír de Él. En otras ocasiones parece que estoy balanceándome al borde de la Tierra Prometida, con ansia de avanzar y tomar posesión de todo lo que Dios me ha prometido. Pero también hay ocasiones que motivado por mi duda y falta de confianza inicio un andar errante. En esos momentos parece que tomo el camino más largo, es un desierto duro, es un viaje que se ha alargado por mi desobediencia y mi falta de confianza en Dios.

Probablemente usted ha recorrido una senda similar. Esos tiempos de andar errante son duros y pueden hacer que caigamos en un desaliento real. Pero si estudiamos el libro de Números, encontramos buenas noticias: Dios ha determinado acompañarnos en todo el recorrido. Él no nos abandona simplemente porque nosotros decidimos desviarnos. El Dios de gracia está con nosotros en nuestro caminar errante. Es el divino compañero del camino que va guiándonos, impulsándonos, disciplinándonos, sustentándonos, perdonándonos y renovándonos. Como Él sabe que a pesar de nuestros desvíos, le amamos, y hace que todo redunde para bien; y aunque parece ser que andamos errantes sin rumbo, todo tiene propósito y dirección si Dios está allí.

Piense por un momento y conteste:

¿En dónde se halla en su recorrido espiritual? ¿Está sentado en el Sinaí? ¿Está asomándose a la Tierra Prometida? ¿Acaso anda errante por el desierto?

____

____

____

¿Percibe usted que Dios va con usted en el recorrido?

____

____

____

Si se pregunta dónde está Él, los siguientes pasajes puede ser un aliento para usted. ¿Existe alguna evidencia de su presencia? Dedique tiempo para leer estos pasajes; luego anote lo que le dicen en cuanto a la fidelidad de Dios en su recorrido espiritual.

Deuteronomio 31:6 ______________________________

____

____

____

Salmos 139:7 – 12 ______________________________

____

____

Efesios 1:3 – 14 ______________________________

____

____

Mientras anda errante no hay necesidad de preguntarse si Dios está con usted. Un Dios tan lleno de gracia y amor nunca le ha abandonado y siempre estará junto a usted.

Capítulo 6

DEUTERONOMIO: ¡RECUERDEN! ¡RECUERDEN!

Vistazo de Deuteronomio

La memoria es divertida. Considere, por ejemplo, la historia de Anabela, Mabel y Gladys, tres hermanas distraídas que vivían en la misma casa. Una noche, después de conversar con sus hermanas, Anabela anunció que iba a subir al segundo piso para tomar un baño de burbujas e irse a la cama. Llenó la tina, metió lentamente una pierna en el agua y luego se detuvo. Entonces dijo: "No me acuerdo si yo estaba metiéndome en la tina o saliendo de ella." Sin poder continuar, llamó a su hermana para que la ayudara: "Mabel: ¿puedes venir un momento?"

"Ya voy, querida," dijo Mabel. Empezó a subir las escaleras, llegó hasta el descanso . . . y allí se detuvo. Mabel dijo: "No me acuerdo si estaba yo subiendo o bajando." Ahora era el turno de Mabel y pidió ayuda diciendo: "Gladys: ¿podrías ayudarme?"

Gladys, meneando su cabeza, se lamentó: "Estas dos hermanas mías. Si no me tuvieran a mí para que las ayude a acordarse, no lograrían vivir ni un día. Me alegro de no ser como ellas, y toco madera." Tocó dos veces la mesita, y luego, también evidenciando su olvido, en vez de dirigirse al segundo piso, dijo alegremente dirigiéndose a la puerta del frente: "Ya voy."

Todos podemos olvidar algo y generalmente la pérdida de la memoria resulta nada más que un breve lapso mental en nuestra rutina diaria. Pero en otras ocasiones, es serio, puede paralizarnos e impedir que avancemos. Para ir adonde necesitamos ir es preciso recordar dónde hemos estado. Todos en cierto momento necesitamos ser recordados.

Por eso los israelitas necesitaron el libro de Deuteronomio; porque les recordaba su pasado y los preparaba para su futuro. La nueva generación de los peregrinos del desierto estaba a punto de entrar en la Tierra Prometida, pero antes de que pudieran avanzar, necesitaban recordar y grabar en sus mentes y corazones la preciosa herencia que Dios les había dado. Dios sabia que la reflexión en la fidelidad divina, fortalecería su fe para el futuro.

DEUTERONOMIO

PEREGRINAJE POR EL DESIERTO	**Mirando Hacia Atrás** ¡RECUERDEN! Fracaso en Cades-barnea Fidelidad de Dios *CAPÍTULOS 1–4*	**Mirando Hacia Arriba** ¡RECUERDEN! Las bendiciones acompañan a la obediencia Los acomodos debilitan los distintivos Las consecuencias siguen a la desobediencia *CAPÍTULOS 5–26*	**Mirando Hacia Adelante** ¡RECUERDEN! La tierra les pertenece, ¡tómenla! El Señor es Santo, ¡obedézcanle! *CAPÍTULOS 27–34*
Lugar	Todo ocurre al borde de la Tierra Prometida de Canaán		
Liderazgo	Al principio del libro MOISÉS es el líder (34:5) . . .		. . . al final del libro JOSUÉ es el líder (1:38; 34:9).
Tiempo	Los sermones registrados en Deuteronomio fueron primeramente dichos verbalmente (1:6) y luego escritos (31:24) durante un período de cuarenta días; (compárese Deuteronomio 1:3; 34:8; y Jousé 4:19)		
Versículos Clave	6:4–9; 10:12–13; 30:19–20		
Mensaje Clave	Recuerda el amor del Señor tu Dios y guarda sus mandamientos		
Cristo en Deuteronomio	"Un profeta de en medio de ti, de tus hermanos, como yo, te levantará el SEÑOR tu Dios; a él oiréis" (18:15); Moisés mismo fue también un tipo de Cristo.		

Algunos Datos Importantes

Un poco de información de trasfondo nos ayudará a entender este libro tan significativo.

El Nombre

Los títulos tanto hebreo como griego del libro revelan su importancia para los israelitas. El título hebreo *Jadebarim* significa "las palabras," y se toma de la frase inicial del capitulo 1, versículo 1. "Estas son las palabras que Moisés habló a todo Israel."[1] Deuteronomio es una serie de sermones de despedida de parte de Moisés a los israelitas. En ellos, insta al pueblo a amar a Dios, obedecer sus leyes y seguir el liderazgo de Josué.

El título griego, *To Deuteronomion Touto*, del cual obtenemos nuestra palabra *Deuteronomio* en español, significa "Esta segunda ley."[2] El libro, sin embargo, no es una segunda Ley; es una repetición y ampliación de la Ley que originalmente fue dada en el Sinaí y que queda registrada en Éxodo y Levítico. Deuteronomio "llena los elementos faltantes y da significación espiritual a la historia que se halla en los otros libros de Moisés."[3] Durante este tiempo de transición Moisés exhortó a una nueva generación de israelitas a obedecer la Ley de Dios en una tierra nueva que no tenía ningún respeto por ella.

> "¿O qué nación grande hay que tenga estatutos y juicios tan justos como toda esta ley que yo pongo hoy delante de vosotros? " (Deut. 4:8).

El Escenario

Saber dónde recibieron los hebreos estas palabras es esencial para entender la significación de lo que les fue dicho. Moisés pronunció sus sermones en la tierra de Moab (1:5), justo al frente de la frontera de Canaán. Cuarenta años antes los hebreos habían salido de Egipto, recibieron las leyes de Dios, e incluso oyeron su voz. Ellos estuvieron al mismo borde de Canaán en Cades-barnea; y entonces, trágicamente escogieron no confiar en el Dios que los había sacado de la esclavitud. Ahora, esta nueva generación está a las puertas de la

1. Bruce Wilkinson y Kenneth Boa, *Talk Thru the Bible*. (Nashville, Tenn: Thomas Nelson Publishers, 1983), p. 37.

2. Wilkinson y Boa, *Talk Thru the Bible*, p. 37.

3. Wilkinson y Boa, *Talk Thru the Bible*, p. 39.

tierra que le fue prometida a Abraham cientos de años antes. A ellos, también, se les exhorta a guardar el pacto con Dios.

Esto representa una nueva era en la vida de Israel. Tienen una nueva tierra, tienen una nueva manera de vivir establecidos en lugar de andar errantes, y tienen un nuevo líder llamado Josué. Todo había cambiado, pero el Dios que los había llevado hasta allí permanecía sin cambio. El Dios inmutable seguía siendo santo, fiel, y muy celoso de la devoción de su pueblo. Ahora más que nunca, al borde de esta tierra cuyos habitantes preferían sus propios dioses, los israelitas necesitaban oír las claras indicaciones del único Dios verdadero.

Duración de la Instrucción

Para profundizar en su estudio, pregúntese: ¿fueron los mensajes de Moisés simplemente unas pocas arengas fugaces? ¿Acaso fueron dichas en un período prolongado de tiempo? Pues bien, hagamos algo de aritmética. Moisés empezó su primer mensaje "el mes undécimo, el primer día del mes" (1:3). Los israelitas cruzaron el Jordán "el día diez del mes primero" (Jos. 4:19). Usando meses de treinta días, eso es sesenta días. Pero tenemos que restar los treinta días que los israelitas lloraron a Moisés después de su muerte (Deut. 34:8). Moisés, entonces, les habló a los israelitas en un período de cómo cuarenta días, si damos por sentado que murió poco después de pronunciar su último sermón, lo que es razonable según el flujo de la narración en Deuteronomio 34.

Cuarenta días para reflexionar sobre el pasado. Tenían la oportunidad de pensar en la liberación milagrosa de Egipto y el rescate del ejército del faraón. Debían reflexionar en la provisión divina del maná y de agua en el desierto. Dios quería que recuerden los cuerpos de los padres y abuelos desobedientes que quedaron enterrados en las arenas del desierto.

Eran cuarenta días para oír de nuevo las leyes de Dios para su propio pueblo. Dios quería repetición, Dios quería que recuerden los Diez Mandamientos, los estatutos sagrados, los decretos compasivos y aun los códigos distintivos de conducta que harían que Israel brillara como una ciudad asentada sobre un monte.

Cuarenta días para que los israelitas alimentaran la expectación del cumplimiento de la promesas de Dios. Un importante tiempo para recordar en una tierra propia, con la ley de Dios para guiarlos y con la fuerza divina para sostenerlos.

El Tema

Al dirigirse a sus compatriotas israelitas Moisés obviamente esperaba que recuerden su amor por Dios. Dios quería que Moisés les ordene y motive al pueblo a que traspasen los principios divinos a las generaciones futuras.

> "Escucha, oh Israel, el SEÑOR es nuestro Dios, el SEÑOR uno es. 5 Amarás al SEÑOR tu Dios con todo tu corazón, con toda tu alma y con toda tu fuerza. 6 Y estas palabras que yo te mando hoy, estarán sobre tu corazón; 7 y diligentemente las enseñarás a tus hijos, y hablarás de ellas cuando te sientes en tu casa y cuando andes por el camino, cuando te acuestes y cuando te levantes" (Deut. 4:6–7).

En otras palabras: "la santidad empieza aquí: con esta generación. Ustedes amen a Dios de tal forma que lo noten sus hijos. Vivan para Dios y ámenlo integralmente. Que cada poro de sus vidas sea permeado con la realidad de Dios. Si así viven, serán bendecidos en la tierra y traspasaran las verdades a las generaciones futuras."

Estos versículos confirman que Dios no quería que la piedad sea una actividad de añadidura para el pueblo de Dios. Más bien, Dios muestra que la santidad es un manantial profundo que debe regar e influenciar toda la vida.

Lo Que Moisés Quería que Ellos—y Nosotros—Recordáramos

Deuteronomio nos exhorta a recordar por lo menos tres características esenciales de Dios: su fidelidad, su santidad y sus promesas.

Recuerden la Fidelidad de Dios: Capítulos 1–4

¿Alguna vez ha usado la frase "la vista hacia atrás siempre es perfecta" ? Quiere decir que aprendemos mucho al mirar hacia atrás. El recuerdo de algún suceso a menudo provee una mejor perspectiva de la que teníamos cuando lo estábamos atravesando. Esto es especialmente cierto en cuanto a la vida espiritual. Cuando nos detenemos para reflexionar sobre el terreno que hemos recorrido, vemos que fue Dios quien nos trajo hasta aquí. Podemos recordar la fidelidad divina cuando nosotros dudábamos, su fuerza cuando flaqueábamos, y su gracia cuando desobedecíamos.

Por eso Dios ordena a Moisés que recapitule el recorrido de los israelitas justo en el momento en que se hallan al borde de la Tierra Prometida. En este nuevo territorio lleno de ídolos y prácticas detestables, olvidarse de Dios sería suicidio espiritual. Ahora más que nunca ellos necesitaban recordar que Dios estaba con ellos. Así que Moisés les recuerda:

> "'Pues el SEÑOR tu Dios te ha bendecido en todo lo que has hecho; Él ha conocido tu peregrinar a través de este inmenso desierto. Por cuarenta años el SEÑOR tu Dios ha estado contigo; nada te ha faltado'" (2:7).

Piense en esto un momento: ¿cuándo fue la última vez que usted hizo un alto para reflexionar en la fidelidad de Dios durante todo su peregrinaje espiritual? Se sorprenderá al notar cómo unos pocos momentos de reflexión pueden reanimarlo para continuar el recorrido que tiene por delante.

Recuerden la Santidad de Dios: Capítulos 5–26

Empezando en el capítulo cinco Moisés vuelve a declarar la Ley de Dios y exhorta a su rebaño a una vida santa. Existían muy buenas razones. Una generación entera había surgido desde la promulgación original de la Ley. Todos los que salieron de Egipto, todos los mayores de veinte años, excepto por Moisés, Josué y Caleb, murieron en el desierto. Muchos de esta nueva generación eran niños pequeños cuando se promulgó la Ley mosaica por primera vez; otros ni siquiera habían nacido en ese tiempo. Aunque por cierto se debe haber leído la Ley durante el tiempo en que anduvieron errantes por el desierto, este tiempo de transición exigía una nueva consagración de parte de los israelitas para vivir según la Ley de Dios y su modelo de santidad.

La comentarista del Antiguo Testamento Mary Evans nos ayuda a apreciar la Ley de Dios.

> Los requisitos de la Ley involucran todo aspecto de la vida. Las regulaciones cubren todo, desde cómo lidiar con ofensas criminales serias como asesinato y violación sexual, a puntos al parecer triviales como permitir que el caminante coma uvas de un viñedo pero que no se lleve ninguna. Hay leyes respecto a las relaciones personales entre [amos y sirvientes], la manera correcta de adorar, manejo del dinero y la dieta de

tipo apropiado. Estas reglas incluyen tanto a los individuos como a la nación como un todo. No hay distinción entre regulaciones religiosas y seculares. Para que su pueblo represente a Dios y le muestre al mundo cómo es Dios, ellos tenían que hacerlo así todo el tiempo en todo aspecto.[4]

En esta sección de nuestro estudio sobresalen tres lecciones claves: primero, *las bendiciones acompañan la obediencia*. Dios anhelaba que su pueblo amado y escogido floreciera y prosperara.

> "¡Oh si ellos tuvieran tal corazón que me temieran, y guardaran siempre todos mis mandamientos, para que les fuera bien a ellos y a sus hijos para siempre! " (5:29; véase también 6:17–19; 7:12–16; 11:13–15).

Dios había prometido darles la tierra a los israelitas. Así que, en cierto sentido, ellos podían apoderarse de ella en forma incondicional. Pero el disfrutar de ella, su prosperidad en ella, y la constancia de las bendiciones de Dios, estaban todas condicionadas a su obediencia a la Ley de Dios.

La segunda lección es la otra cara de la moneda: *las consecuencias siguen a la desobediencia*. Moisés advirtió:

> "Cuidaos, no sea que se engañe vuestro corazón y os desviéis y sirváis a otros dioses, y los adoréis. 17 No sea que la ira del SEÑOR se encienda contra vosotros, y cierre los cielos y no haya lluvia y la tierra no produzca su fruto, y pronto perezcáis en la buena tierra que el SEÑOR os da" (11:16 – 17).

Usted y yo también sabemos que obedecer a Dios no siempre es fácil. La tentadora mesa del mundo está puesta ante nuestros ojos. Está repleta con platos suculentos como fortuna, fama, poder y placer. Se ven y huelen tan sabrosos, pero su satisfacción es sólo temporal. A la larga, y a veces, de inmediato, nos alcanzan las consecuencias terribles de ceder a su encanto. No existe duda, obedecer a Dios siempre es la mejor alternativa y podemos hacerlo, aunque nos cueste. Con su Espíritu viviendo en nosotros y su palabra para guiarnos, Dios nos ha dado todo lo que necesitamos para obedecer.

4. Mary J. Evans, "The Message of Deuteronomy," en *The Bible for Everyday Life* (Grand Rapids, Mich.: William B. Eerdmans Publishing Co., 1996), p. 58.

Una lección final surge de esta sección: *los acomodos debilitan los distintivos*. Dios llamó a Israel a ser una nación distinta entre otras naciones. Ellos debían ser santos, luz en las tinieblas, y tenían el encargo de reflejar el mismo carácter de Dios.

> "Porque tú eres pueblo santo para el SEÑOR tu Dios; el SEÑOR tu Dios te ha escogido para ser pueblo suyo de entre todos los pueblos que están sobre la faz de la tierra" (7:6; véase también 4:5–8).

Sin embargo, existía un serio problema. Mientras más se asemejaran a las demás naciones, menos reflejarían a Dios y mientras menos santidad, más débil sería el rayo de esperanza que debía brillar entre los pueblos paganos (véase 7:1–5).

Recuerden la Bendiciones y Advertencias de Dios: Capítulos 27–34

El libro termina con la promesa de Dios de estar con los israelitas en la nueva tierra y bendecirlos (28:1–14) o maldecirlos (vv. 15–68), dependiendo de la obediencia que ellos rindieran a sus mandamientos. Yendo al grano les recuerda:

> "Fijad en vuestro corazón todas las palabras con que os advierto hoy, las cuales ordenaréis a vuestros hijos que las obedezcan cuidadosamente, todas las palabras de esta ley. 47 Porque no es una palabra inútil para vosotros; ciertamente *es vuestra vida*" (32:46–47, énfasis añadido).

Los últimos cuatro capítulos marcan el fin del ministerio de Moisés entre los israelitas. En un discurso final, conmovedor, a su rebaño, el hombre de Dios prorrumpe en alabanza a Dios y bendice al pueblo que había dirigido por cuarenta años.

El ministerio de Moisés termina cómo empezó: con Dios y él conversando en una montaña. Al transferir el liderazgo a Josué, Moisés contempla el impresionante panorama de la Tierra Prometida. Sus sentimientos debían haber estado mezclados. Por su desobediencia no entraría en aquella tierra, que aunque era espectacular, era una mera sombra del lugar adonde sería su destino final: el cielo; la Tierra Prometida máxima. Allí no lo recibirá una zarza que arde, sino el gran "Yo Soy," en todo su deslumbrante esplendor. Al fin Moisés estaría en casa. La misma casa que le espera a usted.

"Al cielo y a la tierra pongo hoy como testigos contra vosotros de que he puesto ante ti la vida y la muerte, la bendición y la maldición. Escoge, pues, la vida para que vivas, tú y tu descendencia, [20] *amando al* SEÑOR *tu Dios, escuchando su voz y allegándote a Él; porque eso es tu vida"* (30:19–20a).

Nociones para Vivir

Así terminamos el estudio del Pentateuco, los cinco libros de Moisés. Mientras reflexiona sobre lo que hemos aprendido hasta aquí, conteste las siguientes preguntas:

En este estudio ¿cuáles características de Dios se destacan más vívidamente? ¿Su soberanía? ¿Su gracia? ¿Su misericordia, tal vez? ¿Qué tal su santidad? ¿Su fidelidad?

____

____

____

____

El estudio de estos cinco libros de la Biblia ¿le han enseñado algo en cuanto a Dios que usted no sabía antes? ¿Ha enfatizado uno o más de los atributos de Dios de una manera que le ha acercado más a Él? Escriba como se ha acercado más a Dios.

____

____

____

____

¿Qué ha aprendido respecto a usted mismo? ¿Ha evaluado su nivel de confianza en Dios,? Dios? ¿Qué tal lidia usted con las transiciones de una circunstancia o evento a otro? ¿Descubrió algo con respecto a su comprensión o aprecio de la obra de Cristo en la cruz?

____

____

____

Dedique tiempo para anotar sus pensamientos según van llegando a su mente.

____

____

____

____

Finalmente, ¿qué va a hacer usted para tener presente la fidelidad de Dios en su vida? Usted puede tratar de llevar un diario y anotar ejemplos de cuan nueva es su fidelidad cada día. Luego, cuando lea sus apuntes, en los días futuros podrá decir con el salmista:

> "Bendice, alma mía, al SEÑOR,
> y bendiga todo mi ser su santo nombre.
> 2 Bendice, alma mía, al SEÑOR,
> y *no olvides ninguno de sus beneficios*.
> 3 Él es el que perdona todas tus iniquidades,
> el que sana todas tus enfermedades;
> 4 el que rescata de la fosa tu vida,
> el que te corona de bondad y compasión;
> 5 el que colma de bienes tus años,
> para que tu juventud se renueve como el águila"
> (Sal. 103:1 – 5; énfasis añadido).

Capítulo 7

JOSUÉ: TRIUNFO DESPUÉS DE LA TRAGEDIA

Vistazo de Josué

En nuestro estudio llegamos al momento en que Moisés, el mentor de Josué había muerto.

Y ahora, este gran líder, por la gracia y el poder de Dios, dirigiría a la nueva generación de israelitas a cruzar el Jordán y en dirección a la tierra que Dios le había prometido a Abraham y a sus descendientes siete siglos antes. Se cumplía la promesa y ya no andarían errantes. Era tiempo para que los israelitas tomaran posesión de lo que legítimamente era suyo por decreto de Dios.

Pero no podían poseerlo con los brazos cruzados. La posesión incluía guerra y demandaba una conquista. Quería decir, que una vez más debían confiar en la fuerza de Dios y no en la suya propia. Las armas más poderosas contra la naciones paganas atrincheradas en Canaán no serían las espadas y las lanzas, y ni siquiera el número de soldados; sino la fe; fe en el Dios que cumple sus promesas y en el Rey que "reina sobre las naciones" (Sal. 47:8).

Asuntos Introductorios

Antes de seguir la trayectoria de los israelitas cruzando el río Jordán, hagamos una pausa para revisar un poco de información de trasfondo.

Título del Libro

El libro de Josué recibe su nombre por su figura central, Josué, hijo de Nun. Este fue un siervo de Moisés desde el tiempo del Éxodo (véase Éx. 17; Núm. 11:28.) Su nombre original era Oseas, que quiere decir "salvación," pero Moisés le puso por nombre Josué, que quiere decir "El Señor es salvación" (véase Núm 13:16). Bruce Wilkinson y Kenneth Boa destacan el significado, y dicen: "Su nombre es simbólico del hecho de que aunque es el dirigente de la nación israelita durante la conquista, el Señor es el Conquistador." [1]

1. Bruce Wilkinson y Kenneth Boa, *Talk Thru the Bible*. (Nashville, Tenn: Thomas Nelson Publishers, 1983), p. 52.

JOSUÉ

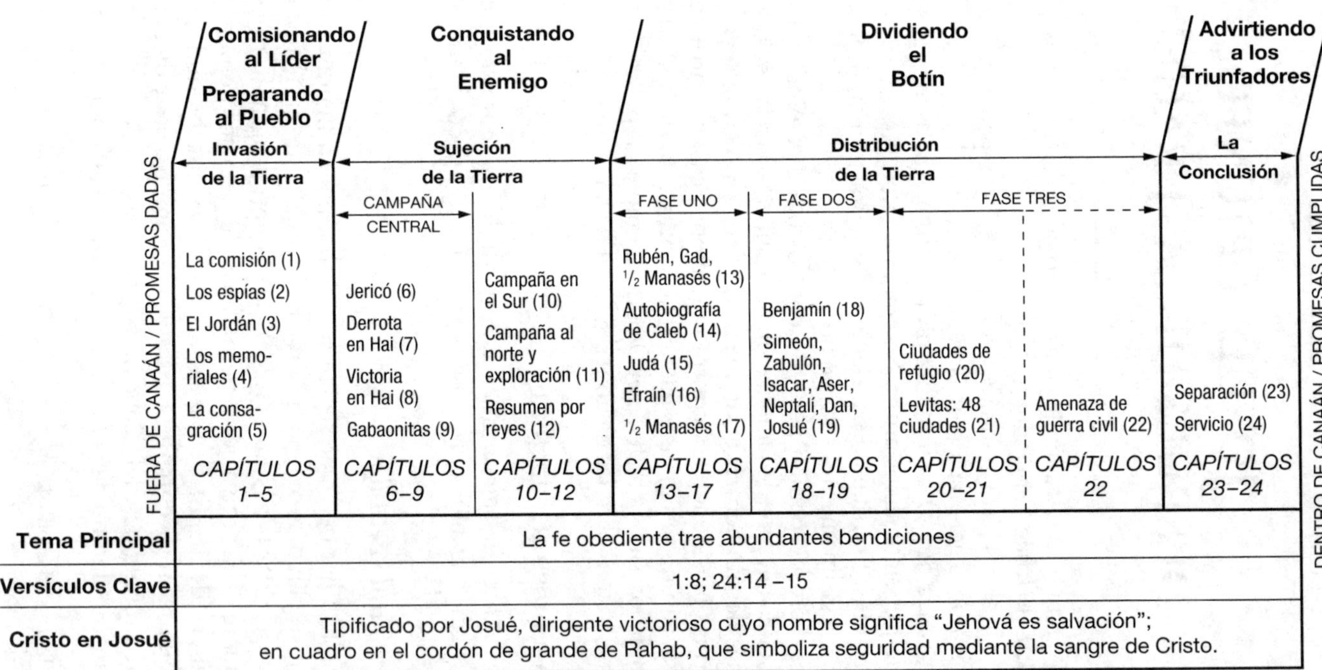

FUERA DE CANAÁN / PROMESAS DADAS

	Comisionando al Líder Preparando al Pueblo	Conquistando al Enemigo		Dividiendo el Botín				Advirtiendo a los Triunfadores
	Invasión de la Tierra	Sujeción de la Tierra		Distribución de la Tierra				La Conclusión
		CAMPAÑA CENTRAL		FASE UNO	FASE DOS	FASE TRES		
	La comisión (1) Los espías (2) El Jordán (3) Los memoriales (4) La consagración (5)	Jericó (6) Derrota en Hai (7) Victoria en Hai (8) Gabaonitas (9)	Campaña en el Sur (10) Campaña al norte y exploración (11) Resumen por reyes (12)	Rubén, Gad, $\frac{1}{2}$ Manasés (13) Autobiografía de Caleb (14) Judá (15) Efraín (16) $\frac{1}{2}$ Manasés (17)	Benjamín (18) Simeón, Zabulón, Isacar, Aser, Neptalí, Dan, Josué (19)	Ciudades de refugio (20) Levitas: 48 ciudades (21)	Amenaza de guerra civil (22)	Separación (23) Servicio (24)
	CAPÍTULOS 1–5	*CAPÍTULOS 6–9*	*CAPÍTULOS 10–12*	*CAPÍTULOS 13–17*	*CAPÍTULOS 18–19*	*CAPÍTULOS 20–21*	*CAPÍTULOS 22*	*CAPÍTULOS 23–24*
Tema Principal	La fe obediente trae abundantes bendiciones							
Versículos Clave	1:8; 24:14 –15							
Cristo en Josué	Tipificado por Josué, dirigente victorioso cuyo nombre significa “Jehová es salvación”; en cuadro en el cordón de grande de Rahab, que simboliza seguridad mediante la sangre de Cristo.							

DENTRO DE CANAÁN / PROMESAS CUMPLIDAS

Interesantemente, el comentarista C. J. Goslinga observa que el apócope de su nombre en hebreo tiene como equivalente griego Iesous, que significa Jesús.

> La obra y nombre de Josué apuntaba más allá de sí mismo. Apuntaba a uno mayor que él. Josué era meramente una sombra de Aquel que había de venir. Pero incluso como sombra le fue permitido llevar la imagen del Josué perfecto, nuestro Señor Jesucristo, quien como "autor de su salvación" (Heb. 2:10) triunfó sobre todos los enemigos de su pueblo para poder conducirlos a la tierra del descanso eterno, la Canaán celestial.[2]

Fecha y Autoría

Partiendo de la fecha del Éxodo podemos determinar con razonable certeza que el libro de Josué quedó terminado alrededor de 1400 a.C. No hay razón para cuestionar la autoría de Josué. Como Goslinga escribe: "La intervención estrecha de Josué en casi todo lo que se relata es una fuerte razón para asignarle su contenido factual principalmente a sus propios informes verbales o escritos." [3] Algunos de los eventos, sin embargo, tales como la muerte de Josué (24:29–33), los habría anotado algún otro escritor, posiblemente algún escriba personal.

Palabras e Ideas Clave

La palabra posesión aparece de varias formas una docena de veces en el libro. Josué representa el fin del peregrinaje errante por el desierto y el principio de la vida en Canaán. Los israelitas pasaron de la promesa a la posesión, de la espera a la ocupación, de andar errantes a la victoria.

Sin embargo, como Arthur Lewis escribe en su introducción del libro de Josué, los acontecimientos deben ser vistos más que como algo personal o nacional, como una parte del maravilloso y soberano plan redentor de Dios:

2. C. J. Goslinga, *Joshua, Judges, Ruth*, trad. Ray Togtman, Bible Student's Commentary series (Grand Rapids, Mich.: Zondervan Publishing House, Regency Reference Library, 1986), p. 10.

3. Goslinga, *Joshua, Judges, Ruth*, p. 11.

> Josué no es un relato épico de la generación heroica de Israel, ni la historia de la conquista de Canaán por parte de Israel con la ayuda de su deidad nacional. Es más bien el relato de cómo Dios, a quien le pertenece todo el mundo, en una etapa de la historia de la redención, reconquistó una porción de la tierra de los poderes de este mundo que se habían apropiado de ella, defendiendo sus reclamos por la fuerza de las armas y apoyados en sus dioses falsos. Cuenta cómo Dios comisionó a su pueblo, bajo su siervo Josué, para quitar a Canaán en su nombre de las manos de los cananitas idólatras y disolutos (cuya medida de pecado se había llenado; véase Gén. 15:16). . . .
>
> Las batallas por Canaán fueron, por consiguiente, la guerra santa del Señor, emprendida en un tiempo en particular en el programa de la redención. . . . La tierra conquistada en sí misma no sería posesión nacional de Israel por derecho de conquista, sino que le pertenecía al Señor.[4]

Temas prominentes que sobresalen son: (1) la fe en Dios, no en el hombre, y esto se muestra en las soluciones milagrosas que sólo Dios podía producir; (2) la obediencia a Dios, subrayada especialmente en el relato de Acán (cap. 7); y (3) la fidelidad de Dios, como se nota en el hecho de que Él cumple sus promesas, juzga a sus enemigos, y preserva a su pueblo con absoluta perfección.

Vistazo Explicativo

La victoria viene en etapas. De modo similar, el libro de Josué se desenvuelve en etapas graduales de conquista y colonización. Básicamente el libro se divide en dos secciones principales. La primera mitad (1:1–13:7) describe la conquista de siete años de la tierra. La segunda mitad (13:8–24:33) da los detalles de la división y asentamiento en la tierra. De aquí podemos dividir el libro en otras cuatro etapas: invasión (caps. 1–5), sujeción (caps. 6:1–13:7), distribución (caps. 13:8 – 22:34), conclusión (caps. 23 – 24).

4. Arthur Lewis, en *The NIV Study Bible*, ed. Kenneth Barker y otros (Grand Rapids, Mich.: Zondervan Bible Publishers, 1985), p. 290.

Invasión de la Tierra: Capítulos 1–5

Los relatos nos muestran un plan divino maravilloso y es evidente que Dios no hace nada a tontas y a locas, incluyendo la conquista de las naciones. Así que antes de que los israelitas pudieran entrar en Canaán, Dios tenía que prepararlos y empezó con su líder, Josué.

Comisionando al líder (cap. 1). Imagínese que usted es Josué: Moisés ha muerto, ahora debe cruzar a Canaán ¿qué pensaría usted? ¿Sentiría miedo? ¿Dudaría de sus capacidades como dirigente? ¿Se sentiría preocupado porque a lo mejor el pueblo de nuevo lo echaría todo a perder y tendría que andar errante por otros cuarenta años por el desierto? Sin importar cuales sean sus preocupaciones, inseguridades e inhibiciones, lo que usted más necesitaría, sería oír lo que Dios tiene para usted. Es obvio pensar que Josué sentía lo mismo y entonces, qué estímulo, debe haber sido para Josué, oír estas alentadoras palabras de Dios:

> "Mi siervo Moisés ha muerto; ahora pues, levántate, cruza este Jordán, tú y todo este pueblo, a la tierra que yo les doy a los hijos de Israel. 3 Todo lugar que pise la planta de vuestro pie os he dado, tal como dije a Moisés. . . . 5 Nadie te podrá hacer frente en todos los días de tu vida. Así como estuve con Moisés, estaré contigo; no te dejaré ni te abandonaré" (Jos. 1:2–3, 5).

Tres veces en los versículos que siguen Dios le dice a Josué "esfuérzate y sé valiente" (vv. 6, 7, 9). El valor, no obstante, siempre debe ser guiado por la obediencia, tal como Dios lo dijo claramente a su nuevo general:

> "Cuídate de cumplir toda la ley que Moisés mi siervo te mandó; no te desvíes de ella ni a la derecha ni a la izquierda, para que tengas éxito dondequiera que vayas. 8 Este libro de la ley no se apartará de tu boca, sino que meditarás en él día y noche, para que cuides de hacer todo lo que en él está escrito; porque entonces harás prosperar tu camino y tendrás éxito" (vv. 7b–8).

Una vez comisionado y comprometido a seguir al Señor, Josué empezó a preparar al pueblo para entrar a Canaán. Los organizó, mientras les recordaba la fidelidad de Dios, y los llamaba a la obediencia (vv. 10–15). El pueblo respondió comprometiéndose al liderazgo de Josué (vv. 16–18).

Preparando al pueblo (caps. 2–5). Al prepararse para entrar en la tierra, Josué necesitaba saber qué resistencia debía esperar de parte de los cananitas. Así que despachó espías para que exploraran la Tierra Prometida, "especialmente Jericó" (2:1), puesto que se hallan directamente en su camino y era estratégica para obtener acceso a todo Canaán.[5]

Los espías hallaron refugio en casa de Rahab, una prostituta cuya casa estaba sobre la muralla de la ciudad. Debido a que ella los protegió por respeto al Señor, ellos le prometieron dejarla con vida a ella y a su familia durante la invasión. (Recuerde a Rahab, porque la verá de nuevo cuando lleguemos a Mateo: Allí notara que ella fue una de las antepasadas de Jesús.

Después de que los espías volvieron, Josué hizo que el pueblo se consagrara, porque estaban a punto de ver a Dios actuar de manera poderosa a su favor. Como lo hizo en el Mar Rojo, Dios ahora partió el río Jordán y condujo a su pueblo a cruzarlo por tierra seca. Esta vez los israelitas no estaban huyendo de los egipcios; estaban marchando a la Tierra Prometida.

Una vez que estuvieron al otro lado y habían conmemorado el cruce, Dios le ordenó a Josué: "vuelve a circuncidar, por segunda vez, a los hijos de Israel" (5:2). Al aplicar esta señal a los que todavía no la tenían, y al hacerlo en el umbral de la Tierra Prometida, Dios estaba reafirmando su pacto con los descendientes de Abraham y expresando su fidelidad para cumplir sus promesas. La celebración de la Pascua cuando Canaán estaba a la vista, debe haber grabado en sus corazones la fidelidad de Dios, su protección y liberación (vv. 10–11).

Sujeción de la Tierra: Capítulos 6:1–13:7

La siguiente sección destaca el poder de Dios en la batalla y la necesidad de confiar en Él para la verdadera victoria. El episodio más brillantemente glorioso es la batalla de Jericó, en donde Dios derrumbó los muros de la ciudad con sólo los gritos y toque de trompeta de su pueblo obediente (cap. 6).

El incidente más trágico ocurrió cuando los israelitas se portaron presumidos en cuanto a su siguiente victoria, y no buscaron primero

5. Noten que los envió "en secreto" (v. 1), tal vez para evitar otro incidente de queja nacional como ocurrió en Cades-barnea (véase Núm. 13).

al Señor (cap. 7). Si lo hubieran buscado, se habrían enterado que Acán había desobedecido la orden de Dios. Él debía dedicar sólo a Dios todo el botín que obtendrían en Jericó, pero en lugar de obedecer, se había guardado una parte. La desobediencia y la victoria no van mano a mano. Pero observe la gracia de Dios. Cuando resuelven el pecado, el pueblo de Dios puede lograr los planes de Dios y recibir sus bendiciones.

Los capítulos 8 al 11 registran otra de las victorias clave de Israel, incluyendo el día en que el sol se detuvo (cap. 10); y el capítulo 12 da una lista de los reyes derrotados y territorios conquistados de Canaán. Pero la victoria no fue completa. Muchos cananitas quedaron con vida y en el futuro se convertirían en una amenaza para los israelitas, tanto espiritual como militarmente (13:1–7).

Distribución de la Tierra: Capítulos 13:8–22:34

En esta sección se describe a Josué como "ya viejo y entrado en años" (13:1), y él se dispone a repartir la tierra entre las tribus como heredad, con la ayuda del sacerdote Eleazar y los jefes de las tribus (14:1). La autora Karen Lee-Thorp describe esta sección de Josué de la siguiente forma:

> La familia de Caleb pidió esta porción y con entusiasmo se dispuso a arrebatársela al enemigo. El resto de Judá se presentó para recibir su porción, pero esos clanes tuvieron mucho menos éxito para apoderarse de la propiedad porque confiaron menos en Yahvéh, así que decidieron reducir sus pérdidas y establecerse entre los cananitas. . . . Las tribus de José tomaron la misma actitud e incluso se quejaron por la porción escasa que les estaba tocando. . . . Finalmente, Josué prácticamente tuvo que arrastrar a las otras tribus para la repartición y para que se mudaran a su tierra. La conquista era simplemente demasiado trabajo, y demasiado aterradora, y era más fácil tolerar a los vecinos cananitas. . . .
>
> Esto era precisamente lo que Yahvéh les había advertido. Vivir como vecinos les llevaría pronto a casarse entre ellos, a entremezclar las religiones, y a la larga a la declinación de la moral de Israel.[6]

6. Karen Lee-Thorp, *The Story of Stories*, ed. rev. (Colorado Springs, Colo.: NavPress, 1995), pp. 85-86.

Conclusión: Capítulos 23–24

Hubo conquista, pero no completa. Existió victoria, pero no total. Josué sabía el riesgo que enfrentaba Israel, y en sus palabras de despedida a su pueblo (posiblemente las palabras más conocidas de todo el libro), hizo lo mejor que pudo para mantenerlos enfocados:

> "Ahora pues, temed al SEÑOR y servidle con integridad y con fidelidad; quitad los dioses que vuestros padres sirvieron al otro lado del río y en Egipto, y servid al SEÑOR. 15 Y si no os parece bien servir al SEÑOR, escoged hoy a quién habéis de servir: si a los dioses que sirvieron vuestros padres, que estaban al otro lado del río, o a los dioses de los amorreos en cuya tierra habitáis; pero yo y mi casa, serviremos al SEÑOR" (24:14–15).

Con entusiasmo de corazón el pueblo prometió servir siempre al Señor y someterse al pacto que Josué hizo con ellos ese día en Siquem (vv. 16–26). Poco después Josué murió a los 110 años; y luego, falleció el sacerdote Eleazar, hijo de Aarón (vv. 29, 33).

Sin duda fue una emocionante promesa, pero ¿permanecería Israel fiel a su pacto? La respuesta desilusionadora la encontraremos cuando estudiemos el siguiente libro de la Biblia, Jueces.

Nociones para Vivir

En alguna ocasión, ¿siente usted como que está fuera del alcance del amor y de la gracia de Dios? Alguna vez se ha preguntado ¿me cerrará Dios la puerta de su gracia por mis pecados pasados? Si su respuesta es que sí, entonces necesita conocer a Rahab, de Jericó.

El pasado de Rahab y la maravillosa gracia de Dios, trae esperanza a todos los que han pecado terriblemente y buscan perdón sinceramente. No sólo que Rahab era una cananita, parte de una cultura inmoral que Dios quería exterminar de la Tierra Prometida; sino que era una prostituta. Sin embargo la Biblia nos dice que Dios por su amor y gracia, le sonrió y la trajo a su familia. Al esconder a los espías israelitas, Rahab demostró su temor de Dios (Jos. 2:11) y su fe en Él

(Heb. 11:31). ¿Quiere una gran sorpresa? ¡Rahab es parte del linaje mesiánico, mencionado en la genealogía de Jesucristo (Mat. 1:5)!

Su historia es un testimonio de la gracia de Dios, y en ella abundan las imágenes del mismo Cristo. El cordón de grana, por ejemplo, que Rahab colgó en su ventana (Jos. 2:18–21), simboliza la protección que tenemos del castigo de Dios por la sangre de Cristo. En su caso, puesto que su casa estaba sobre la muralla de la ciudad, su ventana sería visible para el ejército israelita mientras rodeaban a Jericó antes de que cayeran los muros. Mediante ese cordón escarlata Rahab quedó marcada por Dios no sólo para librarle de la muerte sino, para que también sea incluida en la familia del pacto.

Así que la próxima vez que se pregunte si Dios todavía se interesa por usted, recuerde a Rahab. Recuerde que cuando usted al igual que Rahab, demuestra su temor de Dios y su fe en Él, es objeto de la misericordia y gracia divinas. Dios nos escogió para que seamos suyos, por su gracia nos salvó del castigo que viene, y declaró miembros de su familia por toda la eternidad.

Capítulo 8

Jueces: Situación Miserable Reciclada

Vistazo de Jueces

Con el ambiente de triunfo con que termina Josué, lentamente perdiéndose en la noche, entramos al ambiente tétrico de la historia que aparece en los Jueces. Después de la maravillosa melodía de victoria en esta sinfonía divina, entramos definitivamente en notas discordantes y en un movimiento en tonalidad menor.

El pasaje final de Josué hizo resonar esta gran melodía: "Y sirvió Israel al SEÑOR todos los días de Josué y todos los días de los ancianos que sobrevivieron a Josué y que habían conocido todas las obras que el SEÑOR había hecho por Israel" (Jos. 24:31). En cambio el libro de los Jueces empieza con este descorazonador preludio:

> "También toda aquella generación fue reunida a sus padres; y se levantó otra generación después de ellos que no conocía al SEÑOR, ni la obra que Él había hecho por Israel.
>
> 11 Entonces los hijos de Israel hicieron lo malo ante los ojos del SEÑOR, y sirvieron a los baales, 12 y abandonaron al SEÑOR" (Jue. 2:10–12a).

¡Que contraste tan terrible! ¿Qué sucedió? ¿Qué produjo un cambio tan drástico?

La respuesta es obvia porque la historia demuestra que, incluso el propio pueblo escogido de Dios, no estuvo inmune a la secuencia de destrucción que ha demostrado ser común en muchas de las grandes civilizaciones del mundo. Note algunos pasos de esta secuencia destructiva:

De la esclavitud a la fe espiritual,
De la fe espiritual a gran valor,
Del gran valor a la libertad,
De la libertad a la abundancia,
De la abundancia al ocio,
Del ocio al egoísmo,
Del egoísmo a la autosatisfacción,

Jueces

JOSUÉ, C. 1375 a.C.
Causas del Fracaso
Obediencia incompleta (1:1–2:5)
Idolatría (2:6–3:4)
Matrimonios mixtos 3:5–6
Cursos del Fracaso
MESOPOTAMIA 8 años OTONIEL (3:9–11)
MOABITAS 18 años AOD (3:15–30)
CANAÁN 20 años DÉBORA (4:4–5:31)
SAMGAR (3:31)
MADIANITAS 7 años GEDEÓN (6:11–8:29)
ABIMELEC 3 años TOLA JAÍR (10:1–5)
IBZÁN (12:8–10)
AMONITAS 18 años JEFTÉ (11:1–12:7)
ELÓN (12:11–12)
FILISTEOS 40 años SANSÓN (13:2–16:31)
ABDÓN (12:13–15)
Maldiciones del Fracaso
Idolatría
Inmoralidad
Anarquía
SAMUEL C. 1075 a.C.
Derrota (1)
Revisión (2)
CAPÍTULOS 1–2
Ciclos de Miseria
Desobediencia Esclavitud Miseria Liberación y Reposo Acomodos
CAPÍTULOS 3–16
Micaías (familia) (17)
Danitas (tribu) (18)
Levita y concubina (19)
Guerra civil (20)
Lamento (21)
CAPÍTULOS 17–21
DERROTA
DESOBEDIENCIA
DESGRACIA
Tema
Los acomodos producen fracaso
Versículos Clave
17:6; 21:25: “En aquellos días no había rey en Israel; cada uno hacía lo que a sus ojos le parecía bien.”
Cristo en Jueces
Prefigurado como el Juez último y libertador

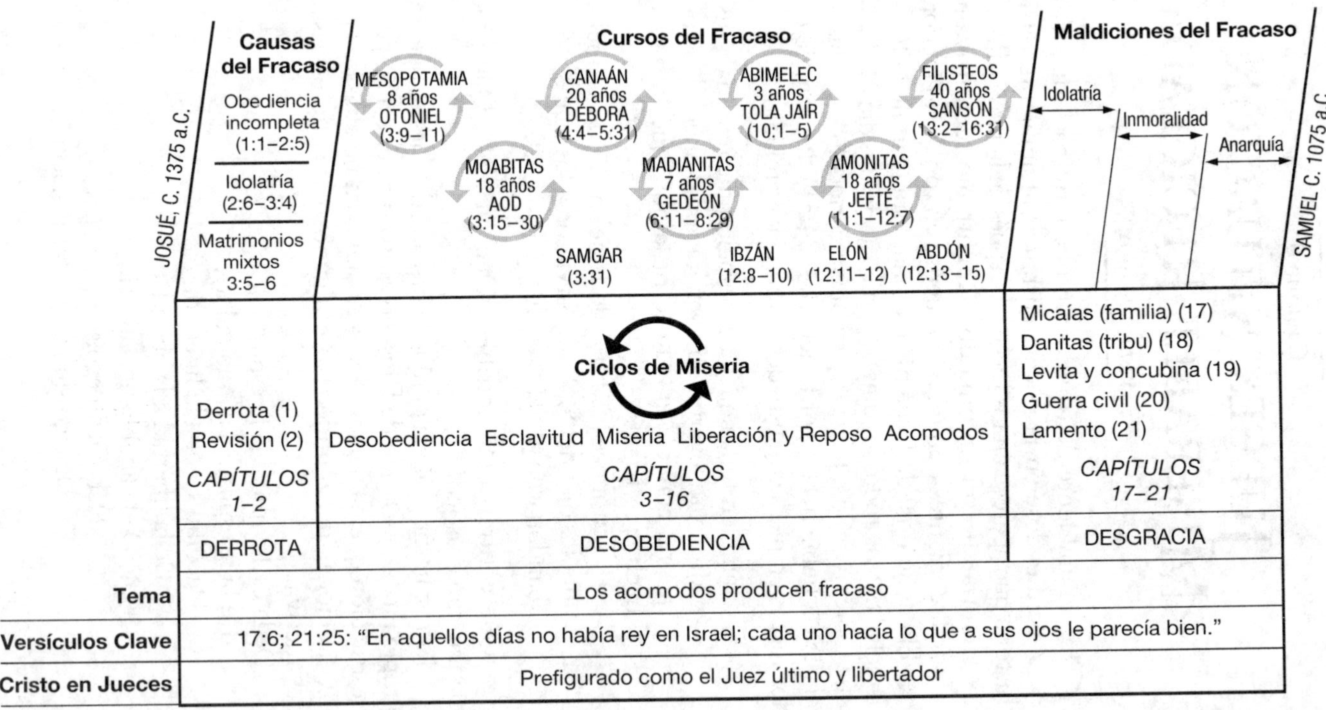

De la autosatisfacción a la apatía,
De la apatía a la dependencia,
De la dependencia a la debilidad,
De la debilidad de vuelta a la esclavitud.

Incluso en un tiempo tan oscuro como esta parte de la historia de Israel, Dios había escogido preservar a la nación por una razón. Así que abramos este libro, y también corazón, para recibir las importantes lecciones que Dios ha decidido dejarnos.

Datos Introductorios

El nombre "Jueces" se refiere a los dirigentes fuertes que Dios levantó para librar a su pueblo de la opresión y guiarlos a la justicia.[1] Los relatos sobre estos jueces forman el núcleo central de este libro, y se detalla el rescate y reposo que dieron a Israel por más de trescientos años. El período de historia registrado en Jueces va desde aproximadamente 1380 ó 1375 a.C. hasta como 1075 y 1045 a.C. Sin embargo, es posible que no haya sido escrito sino hasta algún momento entre el reinado de Saúl y la captura de Jerusalén por David (2 Sam. 5:6–10).[2] Aunque no sabemos a ciencia cierta quién es su autor, muchos comentaristas piensan que Samuel o uno de sus contemporáneos fue utilizado en la compilación y escritura de este libro.

Jueces presenta un impactante contraste con el libro de Josué. La siguiente tabla bosqueja algunas de las principales diferencias entre estas eras.

Josué	*Jueces*
Gozo y logro	Tristeza y fracaso
Fuerza	Debilidad
Victoria	Derrota
Libertad	Esclavitud
Obediencia	Desobediencia
Conquistando	Manteniendo
Celo	Indiferencia
Consagración	Degradación

1. El título hebreo es *Shofetim*, que quiere decir "jueces, gobernadores, libertadores o salvadores." Bruce Wilkinson y Kenneth Boa, *Talk Thru the Bible*. (Nashville, Tenn: Thomas Nelson Publishers, 1983), p. 59.

2. Wilkinson y Boa, *Talk Thru the Bible*, p. 59.

Uno de los principales temas que surge de Jueces es el *fracaso debido al acomodo*. Por tolerar pasivamente la presencia de los cananitas en su Tierra Prometida y luego participar activamente en la idolatría e inmoralidad paganas, las tribus de Israel cayeron en espiral descendente. Ellos decidieron no aferrarse a la palabra de Dios.

Pero no todo estaba sin esperanza; porque a pesar de toda la infidelidad de su pueblo, Dios permaneció fiel. Fue por medio de este pueblo olvidadizo, terco y desobediente que con el tiempo vendría el Mesías perfectamente obediente.

Vistazo Estructural

El libro de Jueces se puede dividir en tres secciones: prólogo (1:1–3:6), cuerpo principal (3:7–16:31), y epílogo (caps. 17–21). La sección en la mitad y la mayor parte del libro ilustra los ciclos de Israel de desobediencia y liberación, y también presenta a los jueces escogidos de Dios. El prólogo y el epílogo actúan como sujetalibros de relatos de miseria. Allí se resalta el motivo de la profunda tristeza de Israel, por la deserción al alejarse de Dios y llegar a la degradación máxima. Dicho en forma sencilla, Jueces empieza con desobediencia y acaba con desgracia.

Echemos un vistazo más de cerca a estas tres secciones para entender el flujo del libro y el propósito de su autor.

Prólogo (1:1–3:6)

El capítulo 1, la primera mitad del prólogo, relata la conquista incompleta de la Tierra Prometida por parte de Israel. Del versículo 19 al 36 hallamos el fracaso de las tribus de Judá, Benjamín, Efraín, Manasés, Zabulón, Aser, Neptalí y Dan, al no desalojar a los pueblos que ocupaban la tierra de su herencia, que era precisamente lo que el Señor había ordenado.

En el capítulo 2 el ángel del Señor pronuncia juicio contra el pueblo por no cumplir su parte del pacto con Dios (vv. 1–5). Luego, de 2:6 a 3:6 tenemos un resumen conciso de los ciclos de miseria y misericordia y de vuelta a la miseria que encontraremos en todo el resto del libro.

Cuerpo principal (3:7–16:31)

"Y los hijos de Israel hicieron lo malo ante los ojos del SEÑOR, . . . Entonces se encendió la ira del SEÑOR contra Israel, y los vendió en manos de . . . Cuando los hijos de Israel clamaron al SEÑOR, el

SEÑOR levantó un libertador . . . Y la tierra tuvo descanso" (3:7–11). Siete veces en esta parte principal hallamos este patrón básico.

Ninguna región de Israel estuvo exenta de estos ciclos. La rebelión se registra primero en el sur, luego avanza hacia el norte, las regiones centrales, al este, y luego de nuevo al norte y finalmente al oeste. Como Bruce Wilkinson y Kenneth Boa recalcan:

> Jueces da un vistazo geográfico de la apostasía para ilustrar su esparcimiento y un vistazo cronológico para ilustrar su intensidad creciente.[3]

La cronología de Jueces sigue los pasos de los libertadores que Dios levantó para ayudar a su pueblo. Tomemos un momento para conocerlos un poco. (Los jueces principales se indican en negrita.)[4]

- **Otoniel** (3:7–11). Sobrino de Caleb y primer juez de Israel. Otoniel salvó a su pueblo después de ocho años de opresión de parte del rey de Mesopotamia. Durante su gobierno la tierra tuvo paz por cuarenta años.
- **Aod** (3:12–30). Aod era zurdo, y libró a Israel después de dieciocho años de servidumbre a Eglón, rey de Moab (¡relato que verdaderamente vale la pena leer!) El legado de Aod fue ochenta años de paz para su pueblo.
- Samgar (3:31). Posiblemente sirviendo durante el tiempo de Otoniel o Aod, Samgar es notorio por haber matado a seiscientos filisteos él solo, usando como única arma una aguijada de bueyes.
- **Débora** (caps. 4–5). La única mujer juez. Débora fue a la batalla con Barac, quien no quiso ir al combate si Débora no lo acompañaba. Ella libró a su pueblo de veinte años de opresión cananita. Su triunfo, y el de Jael, la mujer que mató al comandante enemigo, se conmemoró en el canto que consta en el capítulo 5. Débora proveyó paz por cuarenta años.
- **Gedeón** (caps. 6–8). A Gedeón probablemente se le recuerda más por la prueba que le pidió al Señor mediante la señal del vellón de lana: primero pidió que el vellón estuviera mojado y la tierra seca, y luego que el vellón estuviera seco y la tierra mojada. El Señor con toda gracia le concedió lo que pidió, y usó el

3. Wilkinson y Boa, *Talk Thru the Bible*, p. 60.

4. Algunos incluyen a Barac como juez, sirviendo junto con Débora, así como Abimelec, hijo de Gedeón, que se nombró a sí mismo rey sobre Siquem.

ejército de trescientos hombres de Gedeón para desarraigar a los madianitas que habían oprimido a Israel por siete años. Cuando quisieron hacerle rey, el pueblo oyó esta muy necesitada respuesta de Gedeón: "No reinaré sobre vosotros, ni tampoco reinará sobre vosotros mi hijo; el SEÑOR reinará sobre vosotros" (8:3). Por medio de él Dios le dio a la tierra cuarenta años de paz.

- Tola (10:1–2). Después del reinado de terror de Abimelec (hijo de Gedeón, que obviamente no hizo caso a las palabras de su padre), Tola salvó a Israel y juzgó a su pueblo por veintitrés años.
- Jair (10:3-5). Jair fue notorio porque tenía "treinta hijos que cabalgaban en treinta asnos," probablemente una señal de riqueza. Juzgó a Israel por veintidós años.
- **Jefté** (10:6–12:7). Hijo ilegítimo repudiado por la familia de su padre, sus propios compatriotas lo llamaron de vuelta para que los rescate de los filisteos y amonitas que habían oprimido al pueblo de Dios por dieciocho largos años. Un voto necio de su parte le costó su única hija; un orgullo necio de parte de los efraimitas les costó 42.000 hombres a manos del ejército de Jefté. Juzgó a Israel sólo por seis años.
- Ibsán (12:8 –10). Juez de Israel por siete años, primordialmente se le recuerda por tener treinta hijos y treinta hijas.
- Elón (12:11–12). Elón, de la tribu de Zabulón, juzgó a Israel por diez años.
- Abdón (12:13–15). Abdón, otro hombre rico, juzgó a Israel por ocho años, y tenía "cuarenta hijos y treinta nietos que cabalgaban en setenta asnos" (v. 14).
- **Sansón** (caps. 13–16). El último juez que se menciona en el libro de Jueces, y probablemente el más conocido. Desdichadamente, a menudo se le recuerda más por su lujuria que por librar a su pueblo de los filisteos, que oprimieron a Israel por cuarenta años. Juzgó a Israel por veinte años, aunque mató más enemigos al morir que durante su vida.

La conclusión de la historia de Sansón también concluye el cuerpo principal de Jueces. De aquí entramos al perturbador epílogo, que provee ejemplos de la inmoralidad de la nación, que todavía espanta a pesar del paso de los años.

Epílogo (caps. 17–21)

Los capítulos 17–18 relatan el robo e idolatrías de Micaía, así como también la corrupción de un sacerdote levita que vende sus servicios al mejor postor. El capítulo 18 termina con la masacre de un pueblo pacífico, Lais. Los capítulos 19–21 relatan la espantosa violación sexual en grupo y asesinato de la concubina de un levita, la guerra civil subsiguiente contra la tribu de Benjamín por no haber castigado a los que cometieron ese horrendo crimen, la masacre del pueblo de Jabes de Galaad, y el rapto de cuatrocientas vírgenes de esa ciudad.

La mayoría de comentaristas opina que estos eventos tuvieron lugar mucho antes en la cronología de Jueces, pero nosotros los hemos colocado al final para recalcar cómo la nación cayó de la promesa gloriosa de Dios. El último versículo es el versículo clave de este libro.

> "En esos días no había rey en Israel; cada uno hacía lo que le parecía bien ante sus ojos" (21:25).[5]

Temas Explorados

Las promesas eran maravillosas, las posibilidades muy brillantes y las bendiciones de Dios eran para el pueblo, y sin embargo, en lugar de escoger la vida, los israelitas escogieron la muerte y segaron un terrible torbellino como resultado de la justicia divina (véase Deut. 28:15–68). ¿Por qué lo hicieron? ¿Cómo llegaron a eso? Si volvemos al principio del libro podremos seguir la pista y descubrir las razones.

Razones para el Fracaso

Primero que nada, como vimos en el prólogo, *su obediencia fue incompleta*. Ellos no expulsaron a los habitantes paganos de la tierra como Dios les había dicho que lo hagan (Jue. 1:19–36). Lenta, pero inexorablemente empezaron a copiar las costumbres de los pueblos que los rodeaban; *hicieron acomodos con su idolatría* (2:10–13; 17–19). Una vez que fueron asimilados a la cultura pagana, dieron el siguiente paso y *se casaron con los paganos* (3:5–6). Qué difícil es amar a Dios cuando el corazón de uno le pertenece a alguien que no valora a Dios.

5. Este tema aparece también en otras ocasiones en los capítulos 17-21: en 17:6; 18:1; y 19:1.

Dios había dejado a los cananitas para enseñarle a los israelitas cómo luchar (3:1 – 2); pero también para probar a su pueblo y ver si sus corazones eran verdaderamente suyos (2:21–23). Claramente ellos fracasaron en esta prueba tan importante.

Ciclos de Miseria

La clave que nos revela la enseñanza de este libro surge en 2:11–19, en donde se presenta por primera vez el ciclo de miseria. Allí se puede observar (1) la desobediencia (vv. 11–13), (2) la esclavitud (v. 14), (3) la miseria (v. 15), (4) la liberación y el reposo (vv. 16, 18), y por último (5) los acomodos (vv. 17, 19).

Desgracia en la Sociedad

Cuando volvemos a estudiar el epílogo de este libro, vemos al pueblo de Dios alejándose de Él y buscando más bien ídolos: tanto en templos como en dinero. Ellos buscaban hacer lo que les parecía bien a sus ojos antes que a los de Dios, y esto les llevó vertiginosamente a las peores formas de inmoralidad. Con sus propias ideas inmorales y egoístas como norma, no conocieron la unidad, sino sólo la anarquía.

Advertencias en Conclusión

Jueces puede ser historia antigua, pero la naturaleza humana sigue siendo la misma. No es difícil obtener, por lo menos, tres lecciones perennes que emergen de la negrura de este relato.

Primero, *la depravación resulta en permisividad cuando se ignora la justicia*. Los periódicos diariamente testifican de esto. Si ignoramos la justicia lo suficiente, la depravación da paso a la permisividad, que nos permite sentirnos bien al hacer el mal.

Segundo, *la permisividad lleva a la racionalización cuando se ignora la santidad*. Cuando la santidad ya no es la norma, se redefine al pecado en lugar de hacerle frente con sinceridad. Si no nos interesan los estándares divinos santos, elegimos nuestras ideas impuras y justificamos nuestra elección. Elegimos la racionalización para justificar nuestra rebelión.

Tercero, *la racionalización fomenta la rebelión cuando se ignora el arrepentimiento*. La responsabilidad personal se esfuma cuando se socapa el mal como si fuera bien.

Aunque Jueces termina en una nota lúgubre, no todo está perdido. En el siguiente libro de la Biblia, Rut, hallamos una historia de lealtad, amor y honor que tuvo lugar durante la era de los jueces. Allí tenemos un cuadro de Dios obrando tras bastidores, incluso haciendo de casamentero para un matrimonio que llegaría a formar parte del linaje del Mesías.

Nociones para Vivir

¿Se dio cuenta? ¡Qué pertinente es el libro de Jueces! Nos presenta a Dios como es. Muestra tanto las normas absolutamente inmutables que Dios quiere que acatemos en nuestra vida, así como su misericordia por los corazones arrepentidos.

En su familia ¿está usted enseñando a sus hijos las normas de Dios y su misericordia? ¿Aprecian ellos la belleza y bendición de una vida santa? ¿Acaso cuando hacen trampas en un examen, patean al perro, dicen "una mentira blanca," o duermen con su novio o novia, lo racionalizan y no reconocen el pecado pues se basan en la mentalidad que anuncia "Dios entiende que somos sólo humanos" ?

Moisés le dijo a la generación que entraría a la Tierra Prometida con Josué que enseñen a sus hijos con toda diligencia los mandamientos de Dios (véase Deut. 6:7). Pero al mirar Jueces 2:10 se halla que, de alguna manera, la generación consagrada del tiempo de Josué pareció no enseñar a la siguiente generación acerca de Dios. Dice la Escritura que "se levantó otra generación después de ellos que no conocía al SEÑOR, ni la obra que Él había hecho por Israel."

Padres, abuelos, tíos, tías, primos y primas: enseñen a su familia quién es Dios y lo maravilloso que son sus caminos. Enseñen en palabra y obra, con la Biblia y con su propia vida. Enseñen los principios que existen detrás de las reglas. Enseñen que la obediencia trae excelentes resultados y que la nacionalización conduce al pecado. Enseñen que cuando pecamos y nos arrepentimos, Dios es tan amoroso que perdona todos nuestros pecados, pero tan justo, que no siempre elimina las consecuencias.

Enseñen a sus hijos a tomar decisiones correctas. Sí, llegará el momento en que ellos tomarán sus propias decisiones. Pero dejen en la mente de ellos un arsenal de recursos para que puedan escoger los caminos de la vida, en vez de los senderos de la muerte (Deut. 30:15–20).

Capítulo 9

Rut: Interludio de Amor

Vistazo de Rut

El período de los jueces, con toda su apostasía, derramamiento de sangre, disciplina divina y liberación milagrosa, es el lugar en que uno menos esperaría hallar una historia de amor. Pero si se escucha con atención, en algún lugar, en medio de la cacofonía de Jueces, se puede oír que se toca suavemente la balada de amor de una mujer sobresaliente, llamada Rut.

Por cierto, es una historia de amor humano, pero no solo eso, es mucho más. Es la historia del amor infaltable de Dios por su pueblo del pacto y cómo Él trajo a una extranjera a ese pacto: a una moabita llamada Rut. Dios no sólo la honró y la bendijo sino que también la incluyó como eslabón integral en la historia de la redención.

Si procuramos entender el libro de Rut apreciaremos más hondamente el amor, cuidado y soberanía de Dios. Nos animará porque podemos andar con Dios y recibir sus bendiciones, aunque todo lo que nos rodee nos tienen a andar por otro camino.

Introducción

La historia de Rut tiene lugar durante el tiempo de los jueces (1:1). ¿Recuerda el último versículo del libro de Jueces? En él se resume el clima espiritual de esa era. Observe esta descriptiva declaración:

> "En esos días no había rey en Israel; cada uno hacía
> lo que le parecía bien ante sus ojos" (Jue. 21:25).

Dios repetidamente rescató de la destrucción a su pueblo por medio de dirigentes tales como Aod, Débora y Gedeón. Pero los israelitas con todo seguían sus propias pasiones y preferencias, ignorando la ley de Dios. Simplemente no habían aprendido que la verdadera bendición brota al seguir al Señor.

Por el contrario, las vidas de Rut, Noemí y Booz brillan en medio del período gris de los jueces como un rayo de luz en medio de las tinieblas. Mediante esta historia Dios muestra de nuevo que Él

Rut

	La Decisión de Rut	El Servicio de Rut	La Petición de Rut	El Matrimonio de Rut	
JUECES TIEMPOS TURBULENTOS	NOEMÍ Y RUT	RUT, NOEMÍ Y BOOZ		BOOZ Y RUT	1 SAMUEL TIEMPOS DE CAMBIO
	(Aflicción mutua)	(Búsqueda mutua)		(Amor mutuo)	
	“Que el SEÑOR os conceda que halléis descanso” (v. 9).	*“Tenia Noemí un pariente . . . el cual se llamaba Booz” (v. 1).*	*“Espera, . . . hasta que sepas cómo se resolverá el asunto” (v. 18).*	*“Booz tomó a Rut y ella fue su mujer” (v. 13).*	*“Bendito sea el SEÑOR que no te ha dejado hoy sin redentor” (4:14).*
	CAPÍTULO 1	*CAPÍTULO* 2	*CAPÍTULO* 3	*CAPÍTULO* 4	
Escenario	“Aconteció que en los días en que gobernaban los jueces, hubo hambre en el país.”				
Circunstancia	Pérdida—compromiso más hondo		Ganancia—amor más hondo		
Emoción	Aflicción	Soledad	Compañía	Regocijo	
Tema Principal	Redención: Dios provee para los que confían en Él en tiempos de adversidad				
Versículos Clave	1:16; 3:11–12				
Cristo en Rut	Prefigurado en el pariente redentor				

siempre mantiene un remanente de su justicia en el mundo, sin que importe lo malvado que se haga el mundo. Como dijo Martín Lutero, su reino dura para siempre.

Rut: Una Vida de Fe

La respuesta de Rut a las dificultades de la vida es un modelo de fe y confianza en Dios. Esto es un hecho asombroso, considerando que ella no era judía, y era una mujer que nadie hubiera esperado que confiara tan completamente en el Dios de Israel.

Capítulo 1: La Decisión de Rut

La historia empieza con una hambruna; hubo hambre en Israel. La Tierra Prometida se había convertido en tierra árida y vacía. ¿Cómo pudo ocurrir esto? ¿Acaso Dios mismo no había descrito a Canaán como "tierra que fluye leche y miel" (Éx. 3:8) ? En efecto, así la describió Dios; pero igualmente le advirtió a Israel que su abundancia agrícola y social dependía de su obediencia espiritual (véase Deut. 28). Puesto que ellos habían ignorado la ley de Dios y habían producido una hambruna espiritual, tal como Dios lo había dicho, esto también resultó en una hambruna física.

Belén, que significa "casa de pan," ahora era una casa sin pan. Así que cuatro de sus pobladores: un israelita trabajador, su esposa y sus dos hijos, salieron de allí en busca de alimentos. Se fueron a Moab, como a cincuenta kilómetros al sureste de Belén, al otro lado del Mar Muerto.

Elimelec, el padre, murió en la nueva tierra, dejando viuda a Noemí. Pero el sueño de extraerle fruto al suelo extranjero siguió vivo en sus dos hijos. Se casaron con mujeres moabitas, Orfa y Rut, y se quedaron en Moab por otros diez años.

Luego la tragedia azotó de nuevo. Los dos hijos de Noemí, Mahlón y Quelión, murieron. La mujer quedó con sus dos nueras, y por consiguiente, nadie que pudiera labrar la tierra y proveer para la familia. Ahora el alma de Noemí estaba tan vacía como su estómago había estado cuando la familia llegó a Moab. Posiblemente en más de una ocasión se preguntó, ¿todo esto para nada? Tal vez ¿le habría ido mejor quedándose en Belén y corriendo el riesgo?

Cuando oyó que finalmente la hambruna había cedido, Noemí salió para Belén. Instó a Orfa y a Rut que volvieran a sus familias moabitas, donde recibirían provisión e incluso hasta podrían volver a casarse. Orfa en efecto se volvió, pero Rut se apegó a su suegra. Sólo sabía dos cosas, y esas eran suficientes. Sabía que amaba a Noemí, y sabía que había un Dios en Israel. Así que la fiel Rut y la vacía Noemí volvieron a Belén.

¡Qué escena más impactante! ¿Quién hubiera criticado a Rut si hubiera vuelto a su familia? Por cierto que no Noemí. Sin embargo, Rut se había comprometido a esta familia. Prefería ir a una tierra extraña con Noemí que quedarse en Moab sin ella. Eso es consagración. Eso es confianza en Dios en medio del dolor. Rut tomó una decisión muy difícil, pero fue la decisión correcta.

Al final del capítulo 1 el escritor nos da un indicio de que Dios honraría la decisión de Rut cuando dice:

> "Llegaron a Belén al comienzo de la siega de la cebada" (1:22b).

Capítulo 2: El Servicio de Rut

Aunque afligidas, Noemí y Rut sabían que la vida tenía que continuar. Así que Rut se fue a trabajar en los campos, espigando las sobras que quedaban detrás de los segadores ("recoger espigas"). En sus años de vivir en una familia hebrea, Rut evidentemente había aprendido de la misericordia que Dios tiene por los pobres y destituidos. Tal vez incluso había leído la Ley, que prescribía:

> "Cuando siegues tu mies en tu campo y olvides alguna gavilla en el campo, no regresarás a recogerla; será para el forastero, para el huérfano y para la viuda, para que el SEÑOR tu Dios te bendiga en toda obra de tus manos" (Deut. 24:19; véase también Lev. 19:9–10; 23:22).

Por el sabio designio divino, el campo en que ella estaba recogiendo espigas era de Booz, pariente de Elimelec. Booz, amable y hospitalario, la invitó a que se quedara y trabajara en su campo hasta el fin de la cosecha. Incluso la invitó a tomar asiento y comer con él, e instruyó a sus segadores que deliberadamente dejaran algo de grano detrás, para que Rut lo recogiera (Rut 2:16).

Cuando Rut trajo a casa de Noemí el grano que había recogido ese día y le contó dónde había espigado, Noemí reconoció el nombre Booz y dijo: "Ese hombre es pariente cercano nuestro." Probablemente sin poder contener su alegría, exclamó "es uno de nuestros parientes más cercanos que puede redimirnos" (véase 2:20).

¿Qué es un pariente redentor, y por qué Noemí se entusiasmó tanto al enterarse de que Rut lo había conocido? El pariente redentor

> era responsable de proteger los intereses de los miembros necesitados de la familia extendida; por ejemplo, proveer un heredero para un hermano que hubiera muerto (Deut. 25:5–10), redimir la tierra que algún pariente pobre hubiera vendido fuera de la familia (Lev. 25:25–28), redimir a un pariente que hubiera sido vendido como esclavo (Lev. 25:47–49), y vengar la muerte de un pariente (Núm. 35:19–21).[1]

No sorprende que Noemí se haya alegrado tanto. En algún momento se sentía vacía y sin esperanza, y ahora estaba empezando a ver cómo Dios podría volver a llenarla. Por medio de Booz Noemí y Rut pudiera tener provisión, su tierra podría seguir en la familia, y su linaje podría continuar.

Capítulo 3: La Petición de Rut

Habiendo visto la mano de Dios en la intervención de Booz, Noemí dio el siguiente paso. Aconsejó a Rut que hablara con Booz y apelara a su posición como pariente redentor (3:3–4). Su respuesta positiva significaría no sólo un esposo para Rut sino también la posibilidad de honrar la memoria de su esposo e hijos.

Así que, después de ponerse su mejor vestido y perfumarse, Rut fue a la era donde Booz aventaba el grano y celebraba la cosecha.[2] Mientras él dormía, ella "descubrió sus pies y se acostó" (3:7); es decir, tomó parte de la frazada de Booz que cubría sus pies y se envolvió en ella. Este gesto, según explica C. J. Goslinga,

> tenía un significado simbólico. Al compartir la misma cobija de Booz Rut le hizo saber que estaba reclamando el lugar de su esposa; pero su posición a

1. Marvin R. Wilson, John H. Stek, "Ruth," en *The NIV Study Bible*, ed. Kenneth Barker y otros (Grand Rapids, Mich.: Zondervan Bible Publishers, 1985), p. 367.

2. El grano se aventaba al viento después de trillarlo. Después de golpear las espigas con palos, el grano quedaba mezclado con el tamo en el suelo de la era, y lo lanzaban hacia arriba con el aventador; así el tamo era llevado por el viento, dejando caer sólo el grano. Este trabajo parece que lo hacía el mismo dueño, que luego dormía por la noche en la misma era (un espacio grande, abierto, en donde el suelo había sido apelmazado) para guardar su cosecha. C. J. Goslinga, *Joshua, Judges, Ruth*, trad. Ray Togtman, Bible Student's Commentary series (Grand Rapids, Mich.: Zondervan Publishing House, Regency Reference Library, 1986), p. 536.

sus pies significaba que ella todavía no tenía esta posición. Antes de que eso pudiera suceder, Booz mismo tenía que reconocer el derecho de ella. Noemí probablemente le dijo también a Rut qué decir, pero lo más importante era que tenía que escuchar el consejo de Booz. Como israelita justo y con un sincero respeto por la justicia y la ley, por cierto, él sabría qué era lo que se debía hacer.[3]

Una mujer soltera acercándose a un hombre dormido en la oscuridad. ¿No parece esto algo atrevido? ¿Algo indiscreto? Algunos eruditos han tratando de hallar en este pasaje un caso de inmoralidad, pero nada en el pasaje sugiere tal cosa. El comentarista John W. Reed dice:

> La suegra [de Rut] tenía completa confianza en la integridad de su pariente redentor. Se podía confiar en que Booz actuaría en forma responsable. Todos reconocían a Rut como "una mujer virtuosa" (v. 11). El hecho de descubrir los pies de Booz era un acto ceremonial que era completamente apropiado. Probablemente la escena tuvo lugar en la oscuridad para que Booz tuviera la oportunidad de rechazar la propuesta sin que todo el pueblo lo supiera.[4]

Rut legítimamente deseaba un esposo. Tenía derecho, conforme a la ley hebrea, como pariente de Elimelec, de buscar a un pariente redentor. Así que ella no hizo nada inapropiado. Siguió las instrucciones de Noemí, actuó conforme a la ley, y se ganó el respeto y admiración de Booz. Ella estaba dispuesta, pero era muy cuidadosa; estaba lista para responder, pero con pureza.

Booz respondió con alegría a la petición de Rut; pero quedaba un escollo. Había otro pariente más cercano a Noemí. La ley exigía que se le diera a ese otro pariente la primera oportunidad para redimir. Esta era la oportunidad perfecta para que Rut y Booz dejaran que sus sentimientos determinaran su acción. Ellos podían haber dicho: "¡Olvídate de la ley! " "Yo te quiero; no quiero que nadie me gane." Pero ambos se daban cuenta de que ganar una bendición por medios

3. Goslinga, *Joshua, Judges, Ruth*, p. 537.

4. John W. Reed, "Ruth," en *The Bible Knowledge Commentary*, Old Testament edition, ed. John F. Walvoord y Roy B. Zuck (Wheaton, Ill.: Scripture Press Publications, Victor Books, 1985), pp. 424-25.

indignos no era bendición por ningún lado. Aunque estaban muy interesados el uno en el otro, fueron pacientes, y confiaron en Dios.

Capítulo 4: El Matrimonio de Rut

Booz y Rut, en lugar de precipitarse al matrimonio, esperaron que Dios confirmara que los deseos estaban de acuerdo a la voluntad divina. Así que Booz le presentó al otro pariente de Noemí la oportunidad de comprar la propiedad de Elimelec y llevar a Noemí y a Rut a su casa.

El otro pariente redentor, sin embargo, declinó. Evidentemente estaba dispuesto a comprar la tierra. Pero el hecho de que Elimelec no tenía descendencia quería decir que este pariente cercano debía considerar al primer hijo de Rut como heredero de Elimelec.

> Cuando [el pariente más cercano] se enteró por medio de Booz que Rut era dueña de la propiedad junto con Noemí (v. 5), supo que si Rut le daba un hijo, ese hijo a la larga heredaría no sólo la propiedad redimida, sino probablemente una parte de sus propiedades también. En ese sentido el pariente más cercano "pondría en peligro" su propia propiedad. Sin embargo, si sólo Noemí fuera la viuda (y no Noemí y Rut), entonces ningún hijo del matrimonio levirato heredaría una parte de la propiedad del redentor porque Noemí ya había dejado atrás la edad de tener hijos.[5]

Ante la negativa del otro pariente, Booz escogió redimir la tierra y a Rut. Había confiado en Dios en todo el proceso y no tenía las mismas reservas en cuanto a poner en peligro su propia propiedad que tenía el otro pariente.

Booz y Rut abordaron el matrimonio con completa confianza en Dios. Siguieron su ley, mantuvieron su pureza, y avanzaron con la confianza según Dios abría las puertas. Ellos glorificaron a Dios aun en sus deseos románticos. ¿Cuál fue el resultado? Dios no sólo los bendijo a ellos, sino que también bendijo a Noemí, y por extensión, también a nosotros.

5. Reed, "Ruth," pp. 426-27.

Una Fiesta para Noemí

¿Recuerdan lo que ocurrió con Noemí? Una vez estuvo vacía, ahora estaba llena. La vida, una vez fue amarga, pero de nuevo era dulce. Belén, la "casa de pan," había llegado a ser verdaderamente un lugar de satisfacción y alimentación para su alma. Dios le había provisto de un pariente redentor, una nuera que la quería, y el gozo de un nieto. Un nieto cuyo linaje produciría al máximo Pariente-Redentor. Porque Obed, el niño, fue el abuelo del rey David. Y del linaje de David vino el Mesías, Jesucristo mismo; el Pan de Vida que sacia nuestras almas hambrientas.

Nociones para Vivir

Una de las lecciones más poderosas en la historia de Rut, bien pudiera ser la gracia de Dios; porque en verdad todos somos Ruts y Noemís. Por lo menos lo fuimos antes de conocer a Jesús. Como Rut, éramos extranjeros. No conocíamos a Dios. De hecho, éramos sus enemigos. Como Noemí, estábamos vacíos espiritualmente, pero el Gran Pariente Redentor nos compró, y nos rescató de las garras del pecado y nos trajo a su familia. El Niño de Belén, la "casa de pan," nos ha saciado con el Pan de Vida y ha satisfecho nuestras almas.

Piense en las siguientes preguntas:

¿Qué cualidades de Dios ve usted en el libro de Rut que le animan en su andar personal con Él?

____

____

____

____

¿Respecto a qué dudas, ansiedades o sentimientos de desesperanza que usted experimenta le habla el libro de Rut?

____

____

____

¿De qué maneras Dios le "ha saciado" ?

____

____

____

¿En qué aspectos de su vida necesita tener confianza que Él le saciará?

____

____

____

Capítulo 10

1 SAMUEL: NACIÓN EN TRANSICIÓN

Vistazo de 1 Samuel

La autora Karen Lee-Thorp, en su libro *The Story of Stories (La Historia de Historias)* hace la transición de Rut a 1 Samuel de esta manera:

> Más o menos al mismo tiempo en que Rut y Booz estaban alegremente criando a Obed, otra esposa sufría la maldición de no tener hijos a menos de cincuenta kilómetros al norte. La otra esposa de su marido se burlaba de ella al punto que Ana oraba desesperadamente por un hijo. Cuando Yahvéh finalmente le dio un hijo, ella quedó tan agradecida que se lo dedicó para que le sirviera en el tabernáculo desde una edad tan tierna como alrededor de los tres años. Lo dejó al cuidado de Elí, el sacerdote a cargo.[1]

Y así empezó la vida de Samuel. Tanto como profeta y juez, Samuel ocupó un lugar único en la historia de Israel. Como último juez de Israel es una figura clave de la transición. Samuel pastoreó la nación de una teocracia a una monarquía e realizó la investidura de su primer rey, Saúl. Como profeta ungió y asesoró a reyes, y proclamó la palabra de Dios a una nación inclinada a seguir su propio camino.

El primero de los dos libros que llevan el nombre de Samuel relata su ascenso a la prominencia, los cuarenta años de gobierno de Saúl, y el tiempo de David como rey a la espera de su reinado. Por medio de la vida de estos tres hombres, el primer libro de Samuel nos enseña en cuanto a la confianza, obediencia, y la necesidad de tomar a Dios en serio.

Trasfondo de 1 Samuel

Antes de empezar nuestro recorrido por 1 Samuel veamos cómo este libro encaja en la historia global de la Biblia.

1. Karen Lee-Thorp, *The Story of Stories*, ed. rev. (Colorado Springs, Colo.: NavPress, 1995), p. 92.

1 SAMUEL

Principio	Samuel El Último Juez				Saúl El Primer Rey		Fin
Consagración de Samuel Esperanza nacional Motivación Pureza	NACIMIENTO	CRECIMIENTO Y LLAMAMIENTO	MINISTERIO	CAMBIO	RECHAZADO POR DIOS Impaciente Imprudente Desobediente "Loco" Celoso Asesino	REBELIÓN CONTRA DIOS David escogido, entrenado, probado, protegido . . .	Apostasía de Saúl Depresión Desesperanza personal Suicidio
	CAPÍTULO 1	*CAPÍTULOS 2–3*	*CAPÍTULOS 4–7*	*CAPÍTULOS 13–16*	*CAPÍTULOS 17–31*	*CAPÍTULOS 19–24*	
Actitud del pueblo	Confianza pública				Desilusión pública		
Tema Principal	Mediante cambio de dirigentes y de las naciones, los propósitos de Dios siempre avanzan						
Versículos Clave	8:6–9; 13:14						
Cristo en 1 Samuel	Tipificado en Samuel, que fue profeta, sacerdote y juez; también en cuadro en la vida de David . . . pastor, rey y nacido en Belén						

Lugar en la Historia Bíblica

Los dos libros de Samuel originalmente existían como una sola obra literaria, lo mismo que 1 y 2 Reyes y 1 y 2 Crónicas. Más tarde fueron divididos en dos libros por los traductores de la Septuaginta (la versión griega de la Biblia hebrea).

Primero de Samuel abarca el período desde el nacimiento de Samuel hasta el fin del reinado de Saúl, período como de noventa y cuatro años (c. 1105-1011 a.C.). [2] El Segundo libro de Samuel cubre el reinado de David, que duró como cuarenta años. Primero y 2 Reyes relatan el reinado de Salomón y la división de Israel en dos naciones, mientras siguen el rastro de los reyes de Israel y Judá (casi cuatrocientos años). Crónicas virtualmente ignora al reino del norte, Israel, enfocándose más bien en Judá y la dinastía mesiánica de David.

Autor

El primer libro de Samuel no revela quién es su autor, pero como Bruce Wilkinson y Kenneth Boa dicen,

> la tradición talmúdica judía dice que fue escrito por Samuel. Samuel puede haber escrito la primera parte del libro, pero su muerte registrada en 1 Samuel 25:1 deja en claro que no lo escribió la totalidad del Primero y Segundo libro de Samuel. Samuel en efecto escribió un libro (10:25), y había disponibles registros escritos. Como cabeza de la compañía de profetas (véase 10:5; 19:20) Samuel debía ser el candidato lógico para la autoría bíblica.[3]

Sumario de 1 Samuel

Debido a que el libro relata la transición de Israel del gobierno de los jueces al reinado de un rey, podemos dividir fácilmente el libro en las secciones que hablan del último juez de la nación, Samuel, y de su primer rey, Saúl.

Los capítulos 1–12 destacan la historia de Samuel: su nacimiento (cap. 1), su llamamiento y servicio bajo Elí (caps. 2–3), su liderazgo

2. Bruce Wilkinson y Kenneth Boa, *Talk Thru the Bible* (Nashville, Tenn.: Thomas Nelson Publishers, 1983), p. 71.

3. Wilkinson y Boa, *Talk Thru the Bible*, p. 71.

sobre Israel (caps. 4–7) y su supervisión de la transición a la monarquía (caps. 8–12).

El discurso de Samuel en el capítulo 12 es el puente que nos lleva al reinado de Saúl. El resto del libro, capítulos 13–31, traza el triunfo y la tragedia del primer rey de Israel. Dios selecciona a Saúl, luego lo rechaza debido a su desobediencia (caps. 13–16). La sección final relata la rebelión continua de Saúl contra Dios, su persecución implacable contra David y finalmente su muerte por mano propia (caps. 17–31).

Aunque David es figura prominente en los capítulos 16 al 30, su historia se relata dentro del marco de la ascensión y caída de Saúl. El reinado de David es el enfoque del segundo libro de Samuel.

Para captar una buena idea de lo que trata 1 Samuel, hurguemos un poco más hondo en las vidas de los dos principales personajes del libro.

Samuel: El Último Juez de Israel

Apropiadamente el primer libro de Samuel empieza relatando la entrada de Samuel al mundo.

Nacimiento de Samuel: Capítulo 1

Ya hemos visto a Ana, la madre de Samuel, y hemos observado la misericordia de Dios en respuesta a sus angustiadas oraciones. Cuando nació su hijo, le puso por nombre Samuel, que quiere decir "Dios ha oído." Cuando lo destetó, como a los tres años para los niños hebreos, madre e hijo recorrieron los veinticinco kilómetros a Silo.

Ese día Ana trajo dos sacrificios al tabernáculo: un toro para el holocausto y un hijo para el servicio. Los ofreció a ambos con gozo, porque Dios había tornado su infertilidad en bendición. Ahora Samuel sería una bendición para otros al servir en el tabernáculo y al hablar por el Señor.

Servicio Fiel de Samuel y su Llamamiento Especial: Capítulos 2 – 3

El tabernáculo en ese tiempo necesitaba desesperadamente buena representación. El sacerdote Elí tenía dos hijos, también sacerdotes, que "eran hombres indignos; no conocían al SEÑOR" (2:12). En lugar de ofrecer al Señor la carne de los sacrificios, se guardaban para sí mismos las mejores porciones. También profanaban el tabernáculo al tener relaciones sexuales con las mujeres que servían allí. Elí, aunque desaprobaba las actividades de sus hijos, no hacía lo suficiente por detenerlos. Su pasividad resultó en el juicio de Dios sobre su familia.

En medio de toda esta carnalidad Samuel crecía en espíritu y en estatura, sirviendo fielmente en la casa del Señor. Dios marcó a la familia de Elí para recibir el castigo, y bendijo a la de Samuel. Ana tuvo cinco hijos más. En el momento preciso, Dios le habló al joven Samuel, confirmándole públicamente como su profeta (véase 3:19–21).

Liderazgo de Samuel sobre Israel: Capítulos 4–7

Aunque Samuel proclamó fielmente las palabras de Dios, Israel no siempre prestó atención. Como en los días de Josué y de los jueces, el pueblo titubeaba respecto a su consagración al Señor. Tal desobediencia les daba a los enemigos de Israel la ventaja en la batalla.

Después de perder cuatro mil hombres ante los filisteos idólatras y guerreros, Israel perdió el arca del pacto. No obstante, por los siguientes siete meses el arca sólo causó problemas a los enemigos de Israel. Así que, agobiados por la mano rigurosa del castigo de Dios, que se mostró en la destrucción del dios de ellos y al afligirlos con tumores, los filisteos enviaron el arca de regreso a Israel.

Pero la derrota de los filisteos a manos de los israelitas no sucedería simplemente porque el arca había sido devuelta. Israel tenía que volver al SEÑOR; y Samuel les mostró el camino.

> "Entonces Samuel habló a toda la casa de Israel, diciendo: Si os volvéis al SEÑOR con todo vuestro corazón, quitad de entre vosotros los dioses extranjeros y Astarot, y dirigid vuestro corazón al SEÑOR, y servidle sólo a El; y El os librará de la mano de los filisteos" (7:3).

Los israelitas se arrepintieron y clamaron al Señor. Entonces lograron derrotar a los filisteos, los cuales nunca más volvieron a molestar a Israel "todos los días de Samuel" (vv. 11–13).

Transición a la Monarquía: Capítulos 8–12

Al envejecer Samuel, llegó el tiempo para pasar a otro el manto del liderazgo. Esperaba que fueran sus hijos, a los que ya había nombrado como jueces. Pero sus hijos aceptaban sobornos, haciendo tabla rasa de la justicia en lugar de defenderla. ¿Qué se podría hacer? La respuesta, sorprendentemente, vino del pueblo:

> "Ahora pues, danos un rey para que nos juzgue, como todas las naciones" (8:5b).

Aunque tenían problemas en cuanto a seguir a su Rey celestial, los israelitas querían un rey terrenal. Tal vez pensaban que el brillo de una corona de oro o los ropajes ostentosos intimidarían al enemigo en la batalla. Así que Dios le dijo a Samuel, en efecto: "Tendrán su rey; y cuando vean lo mal que él reina, desearán haberse quedado conmigo."

Dios entonces guió a Samuel a un benjaminita llamado Saúl. Era de presencia física muy atractiva y de mayor estatura que todos sus compatriotas. Siguiendo las instrucciones de Dios, Samuel lo ungió como rey y lo presentó al pueblo, y Saúl se ganó los corazones de ellos cuando derrotó a los amonitas.

El escenario estaba preparado para la despedida de Samuel, pero antes de salir de escena exhortó al rey y a súbditos a que siguieran a su Rey celestial o que sufrieran su castigo. Con esta advertencia final, Samuel dejó el liderazgo y pasó a un papel de respaldo.

Saúl: Primer Rey de Israel

Ahora, Saúl llegaba al poder en lo que llegaría a ser una tragedia para sí mismo y para muchos que vivieron bajo su reinado.

Dios Rechaza a Saúl: Capítulos 13–16

A principios de su reinado Saúl demostró que Dios tenía razón. Demostró que la sola buena apariencia no hace a un rey. Al hacer habitualmente las cosas a su manera, en lugar de a la manera de Dios, Saúl deslustró la corona de Israel; lo que nos recuerda que la única corona que no deslustra está en la cabeza del Rey de los cielos.

Previo a la batalla en Gilgal, Saúl ofreció un sacrificio que era deber reservado sólo para Samuel. Inmediatamente el anciano sacerdote le dijo a Saúl:

> "Has obrado neciamente; no has guardado el mandamiento que el SEÑOR tu Dios te ordenó, pues ahora el SEÑOR hubiera establecido tu reino sobre Israel para siempre. 14 Pero ahora tu reino no perdurará. El SEÑOR ha buscado para sí un hombre conforme a su corazón, y el SEÑOR le ha designado como jefe sobre su pueblo porque tú no guardaste lo que el SEÑOR te ordenó" (13:13 – 14).

La precipitación de Saúl, y su constante desprecio de las órdenes de Dios, siguió manifestándose en todo su reinado. De no haber sido por la intervención del ejército israelita, un voto irreflexivo hubiera resultado en que se le quitara la vida a su hijo Jonatán. Saúl no sólo desobedeció las órdenes de Dios de exterminar a los amalecitas, sino que trató de hacer creer al profeta que su desobediencia más bien había sido un acto de consagración. Sin embargo, Dios lo sabía todo y como consecuencia, Samuel le dijo a Saúl:

> "Hoy el SEÑOR ha arrancado de ti el reino de Israel, y lo ha dado a un prójimo tuyo que es mejor que tú" (15:28).

Ese "prójimo" era David, un muchachito pastor de Belén. Sin duda no era físicamente igual de impresionante como Saúl, pero tenía un corazón apropiado para el reino. Por consiguiente, Dios envió a Samuel a ungir al muchacho, aunque debía pasar un tiempo antes de que asumiera el trono. Mientras tanto David debía apacentar ovejas e irónicamente, pastoreó en forma muy especial a Saúl. Cuando el rey sentía su alma atormentada, enviaba a buscar al joven salmista para que tocara el arpa. Saúl sin saberlo sirvió como el agente que empujó poco a poco a David bajo los reflectores de Israel.

Saúl se Rebela contra Dios: Capítulos 17 – 31

El capítulo 17, como el capítulo 12, es un capítulo central del libro. Aquí David, al cumplir la orden de su padre de llevar comida a sus hermanos que servían como soldados, oyó las burlas blasfemas del filisteo Goliat. Armado con una honda y cinco piedras lisas, y el poder del SEÑOR, David derrotó al gigante. Con el campeón filisteo muerto, los israelitas vencieron a los enemigos. El rubicundo muchacho pastor de Belén fue aclamado como héroe.

Saúl nombró a David como jefe de su ejército y le envió contra los enemigos de Israel. Pero cuando el pueblo alabó a David más que a Saúl debido a sus victorias: "Saúl ha matado a sus miles, y David a sus diez miles" (18:7); Saúl ardió en celos. Preguntó: "¿Y qué más le falta sino el reino? " (v. 8). Desde ese día y en adelante "Saúl miró a David con recelo" (v. 9), incluso trató de atravesar a su leal siervo con una lanza mientras estaba dominado por la cólera inducida por un demonio.

El resto del libro narra la obsesión de Saúl por destruir a David y describe la vida de David que tiene que huir de la furia asesina de Saúl.

> Empujado a la región desértica de Judá, lugar lógico debido a que se había familiarizado con ella desde su niñez, David vivió una existencia a lo "Robin Hood" por casi diez años. Pero Dios estaba enseñando a David muchas cosas en esos días, lecciones que David todavía comparte con los que leen sus salmos y se identifican con ese turbulento período de su vida (véase, por ej., Sal. 18; 34; 52; 54; 56–57). Todas estas cosas con toda certeza obraron para preparar a David para ser el líder que glorificaría a Dios e inspiraría a su pueblo.[4]

David huyó de ciudad en ciudad para escapar de la ira de Saúl, mientras este lo perseguía con saña. Sin embargo, aunque David tuvo dos oportunidades de matar a Saúl, rehusó levantar su mano contra "el ungido del SEÑOR." La irracionalidad del uno sirvió sólo para destacar la integridad del otro.

El libro empezó con el nacimiento de un profeta y termina con la muerte de un rey. En una batalla contra los filisteos, Saúl, herido, se quitó la vida; y su hijo Jonatán, amigo querido de David, también murió en una escaramuza.

> "Así murió Saúl aquel día, junto con sus tres hijos, su escudero y todos sus hombres" (31:6).

El Rey que Nunca Fallará

La historia de Saúl es trágica, y nos deja con el profundo anhelo de tener un mejor rey; uno que tenga un corazón por Dios. Eso es lo que hallaremos en el relato respecto a David en el segundo libro de Samuel.

Pero incluso la vida de David nos sirve sólo para apuntar hacia un Rey cuya corona nunca se deslustra: el mismo Jesucristo. Su reinado es incorruptible, su fidelidad incólume, y su carácter puro. Reyes terrenales, presidentes y dictadores asoman y desaparecen, pero nadie jamás podrá reemplazar el reinado justo de nuestro Rey celestial. El salmista escribe una gran verdad:

4. Eugene H. Merrill, "1 Samuel," en *The Bible Knowledge Commentary*, Old Testament edition, ed. John F. Walvoord y Roy B. Zuck (Wheaton, Ill.: Scripture Press Publications, Victor Books, 1985), p. 450.

"Venid, cantemos con gozo al SEÑOR,
aclamemos con júbilo a la roca de nuestra salvación.
2 Vengamos ante su presencia con acción de gracias;
aclamémosle con salmos.
3 Porque Dios grande es el SEÑOR,
y Rey grande sobre todos los dioses,
4 en cuya mano están las profundidades de la tierra;
suyas son también las cumbres de los montes.
5 Suyo es el mar, pues Él lo hizo,
y sus manos formaron la tierra firme (Sal. 95:1–5).

Nociones para Vivir

Suponga que el guapo y alto Saúl está ante usted y junto a él se halla el pequeño David, el menor de los hijos de Isaí. ¿A cuál de los dos quisiera tener como rey? ¿A quién emplearía usted para que trabaje para su empresa, para que dirija su iglesia, o promueva sus ideas? ¿Con cuál preferiría usted que le tomaran un retrato o que lo vieran en público? En otras palabras, ¿qué le influiría más: el carácter interno o la apariencia externa?

Para ser francos, todos debemos admitir que a menudo ponemos demasiado énfasis en la apariencia de las personas. En cambio, Dios ve lo que realmente importa. "Dios ve no como el hombre ve, pues el hombre mira la apariencia exterior, pero el SEÑOR mira el corazón" (1 Sam. 16:7b).

Considere a los hombres y mujeres que Dios ha utilizado para edificar su reino. La mayoría no fueron físicamente impresionantes. Por ejemplo, Moisés, tenía un defecto en el habla, pero fue quien entregó al faraón el ultimátum divino. Los que criticaban a Pablo decían "la presencia física es poco impresionante, y la manera de hablar menospreciable" (2 Cor. 10:10), y sin embargo escribió trece libros del Nuevo Testamento. Lea, una de las esposas de Jacob, no era hermosa como su hermana Raquel (la otra esposa de Jacob). Sus ojos eran "delicados," y Jacob la despreciaba y adoraba a Raquel (Gén. 29:17). Pero Dios amó a Lea y abrió su vientre para que dé a luz a Judá, por medio del cual vendría el Mesías (Mat. 1:2).

Nosotros ni siquiera habríamos considerado a Jesús como un "hombre hermoso," por lo menos no exteriormente. El profeta declara:

> "No tiene aspecto hermoso ni majestad
> para que le miremos,
> ni apariencia para que le deseemos" (Isa. 53:2).

Dios parece deleitarse en utilizar personas que nosotros pasaríamos por alto. Al hacerlo así, Él enfatiza que el poder para cambiar el mundo reside en Él, no en la fuerza humana.

Así que es muy sabio seguir trabajando en su vida interior. El progreso del alma tal vez no sea inmediatamente evidente a los observadores humanos, pero, no se preocupe pues es en el alma donde la mirada de Dios se concentra más estrechamente.

Capítulo 11

2 Samuel: Éxtasis y Agonía de un Rey

Vistazo de 2 Samuel

Saúl había muerto por su propia espada, y eso fue un fin apropiadamente tétrico para un rey que había sido su propio peor enemigo en la vida.

Ahora David estaba libre de la persecución maniática de Saúl. Sin embargo, al oír las noticias de la muerte del rey, David respondió, no con alegría o ambición, o indignación apropiada, sino con aflicción poética:

> "Tu hermosura, oh Israel, ha perecido sobre tus montes.
> ¡Cómo han caído los valientes! . . .
> 23 Saúl y Jonatán, amados y amables en su vida,
> y en su muerte no fueron separados;
> más ligeros eran que águilas,
> más fuertes que leones.
> 24 Hijas de Israel, llorad por Saúl,
> que os vestía lujosamente de escarlata,
> que ponía adornos de oro en vuestros vestidos.
> 25 ¡Cómo han caído los valientes en medio de la batalla!
> Jonatán, muerto en tus alturas. . . .
> 27 ¡Cómo han caído los valientes,
> y perecido las armas de guerra! "
> (2 Sam. 1:19, 23–25, 27)

Que corazón más humilde, tierno y lleno de gracia revelan las palabras de David. Aunque completamente humano y falible, como veremos, debido a su carácter a David se le recuerda siempre como un hombre conforme al corazón de Dios (véase 1 Sam. 13:14; Hech. 13:22). Esa fue precisamente la norma con la que se midieron a todos los reyes subsiguientes de Judá e Israel. Su vida no sólo da un cuadro de lo que puede ser la verdadera fe, y una fe que titubea, sino

2 Samuel

Triunfos de David		Problemas de David			Apéndice
Reinando en Hebrón Sobre Judá	Reinando en Jerusalén Sobre Todo Israel	Consigo mismo	Con su familia	Con su nación	Narraciones Misceláneas
Lamento de David (1) Coronación de David (2) Prosperidad de David (3–4)	Una nueva capital (5) Un nuevo centro de adoración (6) Una nueva dinastía (7) Una nueva frontera (8) Un nuevo hijo (9) Otra nueva frontera (10)	El pecado de David (11) La denuncia de Natán (12)	Inmoralidad de Amnón (13) Crimen y huida de Absalón (14) Revuelta de Absalón (15) Consejeros de Absalón (16–17) Muerte de Absalón (18)	Regreso de David (19) Revuelta de Seba (20)	Una hambruna (21) Un canto (22) Una profecía (23) Un fracaso (24)
CAPÍTULOS 1–4	*CAPÍTULOS 5–10*	*CAPÍTULOS 11–12*	*CAPÍTULOS 13–18*	*CAPÍTULOS 19–20*	*CAPÍTULOS 21–24*

Cristo en 2 Samuel: Prefigurado como sombra en el reinado de David, que, aunque imperfecto, se caracterizó por la justicia, sabiduría e integridad; el Mesías, Hijo de David, es prometido como descendiente del linaje davídico y Uno que se sentaría para siempre sobre el trono de David que, además, revela a un Dios cuya gracia y misericordia nos sostiene a todos.

Relación entre el Primer y el Segundo Libro de Samuel

Recuerde que el Primero como el Segundo Libro de Samuel fueron originalmente un solo libro. Es muy probable que parte de 1 Samuel fuera escrita por Samuel. Algunos opinan que los profetas Natán y Gad también pueden haber tenido una parte para completar el libro y escribir 1 Samuel (véase 1 Crón. 29:29). Los autores Bruce Wilkinson y Kenneth Boa describen la relación entre 1 y 2 Samuel de esta manera:

> El Primer Libro de Samuel revela cómo se estableció el reino y el segundo muestra cómo se consolidó. Este libro nos dice cómo se unificó a la nación, cómo obtuvo a Jerusalén como su capital real, cómo subyugó a sus enemigos y amplió sus fronteras, y cómo logró prosperidad económica. Registra el principio de una dinastía interminable y la vida de un hombre respecto a cual se sabe más que respecto a cualquier otro individuo del Antiguo Testamento.[1]

Vistazo a 2 Samuel

Con el trágico fin del reinado de Saúl empieza el de David. Sus contrastes son contundentes. Saúl rechazó a Dios, pero David lo reverenció. Saúl buscó hacer las cosas a su manera, David procuró hacerlas a la manera de Dios. Saúl trató desesperadamente de apropiarse de lo que no era suyo, en tanto que David con toda gracia aceptó del Señor lo que ya le había sido prometido.

Pero ni siquiera la vida de David estuvo libre de problemas. Cometió adulterio y asesinato y como consecuencia su familia, y con el tiempo su reino, cayeron en conflicto.

Las principales divisiones del libro representan el éxito y fracaso moral de David. Los capítulos 1–10 destacan sus triunfos; los capítulos 11–20 sus fracasos. Los capítulos 21–24 registran algunas de las palabras y obras finales del rey. El reinado de David sube al clímax en el capítulo 10, y luego cae en picada por el resto del libro.

1. Bruce Wilkinson y Kenneth Boa, *Talk Thru the Bible* (Nashville, Tenn.: Thomas Nelson Publishers, 1983), p. 79-80.

Sin embargo, el segundo libro de Samuel no trata simplemente de la vida de un hombre sino que, además, demuestra cómo la condición espiritual de una persona puede afectar a todos los que le siguen.

Triunfos de David: Capítulos 1–10

Reinando en Hebrón (Caps. 1–4). El libro empieza mostrando el respeto de David por la soberanía de Dios. En lugar de regocijarse por las noticias de la muerte de Saúl, David mató al amalecita que osadamente adujo haber matado al rey. A pesar de su perversidad, Saúl había sido el gobernante ungido por Dios; y debido a eso David rehusó asumir la monarquía por mano humana, y esperó más bien que llegue el momento determinado por Dios.

Después de hacer duelo por Saúl y Jonatán, David le preguntó al Señor adónde debía ir. La respuesta fue "ve a Hebrón," (2:1). Así que David, sus esposas, y los seiscientos hombres con sus familias que habían estado a su lado durante la persecución que realizó Saúl, recorrieron los treinta y más kilómetros al noreste hasta Hebrón. Allí la tribu de Judá le ungió como rey sobre su territorio.

Sin embargo, los que seguían leales a Saúl, querían mantener la corona en la familia de Saúl. Abner, comandante del ejército de Saúl, nombró a Isboset, uno de los hijos de Saúl, como rey sobre las tribus del norte. Pero después de que surgió un desacuerdo con él, Abner procuró unificar a todo el pueblo bajo David. Abner nunca vio la unificación pues sin que David lo supiera, Joab, comandante de su ejército, lo mató en venganza por la muerte de su hermano. Con el tiempo, a Isboset lo mataron sus propios hombres, los cuales sufrieron la misma suerte que el amalecita que mató a Saúl. A pesar de la violencia inesperada la senda de David ahora estaba libre.

Reinando en Jerusalén (Caps. 5–10). Con su rey ahora muerto, las tribus del norte miraron hacia Hebrón, ungieron a David como rey sobre todo Israel, y le reconocieron como el gobernante escogido por Dios (5:1–3). David reinó en Hebrón por siete años y medio, y luego mudó su capital real al norte, a Jerusalén. La ciudad era un lugar estratégico para la residencia del rey, no sólo porque era central a todos los territorios de las tribus, sino porque demostró estar bien fortificada. Una vez establecida en Jerusalén, la familia de David creció, y el Señor le concedió victoria contra los enemigos de Israel.

Sin embargo, en Jerusalén todavía faltaba algo: el arca del pacto. No bastaba tener un centro geográfico para la nación; David sabía que la presencia de Dios era central para la vida misma de Israel. Así que David se dispuso a traer el arca.

Aunque el arca llegó a Jerusalén en medio de gran celebración, David tenía un presentimiento inquietante de que no todo andaba bien. Vio que vivía en un palacio de rico cedro, pero el arca de Dios moraba "en medio de cortinas" (7:2). Así que quiso construir una casa para el Señor.

Sin embargo, Dios no aceptó la oferta pues prefería que esa labor la ejecutara el hijo de David, Salomón, un hombre de paz. Más bien Dios prometió edificar una casa a *David*, esta sería una dinastía de reyes que nunca terminaría (v. 16). Inicialmente esa dinastía comprendería reyes terrenales. Sin embargo, el linaje de David produciría al Rey de reyes, Jesucristo, cuyo reino no tendría fin.[2]

Humilde y abrumado por la gracia de Dios, David adoró al Señor. El rey se postraba ante el Rey.

David continuó prosperando bajo la bendición de Dios. Su ejército parecía invencible, y su territorio se amplió grandemente. A pesar de ello, parecía que todo su éxito no lo había dañado. David demostró un corazón de generosidad y bondad, especialmente en el trato amable que le brindó al hijo lisiado de Jonatán, Mefiboset (cap. 9).

Esta sección termina con la derrota que los israelitas les infligieron a los mercenarios arameos, que juraron lealtad a Israel después de la batalla.

Parecía que no había nada que David no pudiera adquirir: ciudades, ejército y fama. Sin embargo, fue demasiado lejos, cuando tomó la decisión errónea de tomar la esposa de otro hombre.

Problemas de David: Capítulos 11–20

Problemas Consigo Mismo (Caps. 11–12). En primavera era el tiempo "cuando los reyes salen a la batalla" (11:1). Era el momento en que las lluvias del invierno amainaban y el duro trabajo de la siembra todavía no había empezado. No sabemos por qué David prefirió quedarse en Jerusalén. Sin duda le habría ido mejor trabándose en combate con sus enemigos, porque su batalla más difícil, una que con el tiempo lisiaría su reino, le esperaba en la comodidad y holganza de su propio palacio.

> "Y al atardecer David se levantó de su lecho y se paseaba por el terrado de la casa del rey, y desde el terrado vio a una mujer que se estaba bañando; y la

2. Se conoce a 2 Samuel 7:8–16 como el pacto davídico, en el que el trono de David "será establecido para siempre" por medio del Mesías que vendría.

> mujer era de aspecto muy hermoso. 3 David mandó a preguntar acerca de aquella mujer. Y alguien dijo: ¿No es ésta Betsabé, hija de Eliam, mujer de Urías heteo? 4 David envió mensajeros y la tomó; y cuando ella vino a él, él durmió con ella. Después que ella se purificó de su inmundicia,[3] regresó a su casa" (11:2–4).

Al enterarse de que Betsabé estaba encinta, David envió a llamar del campo de batalla a Urías, el esposo de la mujer. Con su influencia trató de persuadir al leal soldado que durmiera con su esposa, obviamente con la esperanza de hacer aparecer como que él era el padre del hijo. Urías rehusó disfrutar del placer, incluso con su esposa, sabiendo que los demás soldados tenían que dormir a la intemperie, cerca del campo de batalla.

Así que David, con mucha astucia, envió a Urías de vuelta a la batalla y ordenó a Joab que lo colocara en el lugar de mayor vulnerabilidad. Así se cumplió el terrible plan de David y Urías murió en el combate. Ahora David no sólo era culpable de adulterio y engaño, sino también de asesinato.

La estrategia de David había funcionado entre los humanos, pero no delante de Dios, quien por medio del profeta Natán, confrontó a David con su pecado y le anunció las terribles consecuencias.

> "Ahora pues, la espada nunca se apartará de tu casa, porque me has despreciado y has tomado la mujer de Urías heteo para que sea tu mujer." 11 Así dice el SEÑOR: "He aquí, de tu misma casa levantaré el mal contra ti; y aun tomaré tus mujeres delante de tus ojos y las daré a tu compañero, y éste se acostará con tus mujeres a plena luz del día" (12:10–11; véase también v. 14).

Aunque David se arrepintió y recibió el perdón de Dios (v. 13), como consecuencia de sus actos de rebelión, su casa y su reino experimentarían conflicto por el resto de sus días.

Problemas con su Familia (Caps. 13–18). La familia real empezó a desbaratarse. El niño que fue concebido como resultado de la unión ilícita de David con Betsabé, murió a poco de nacer. Amnón, otro hijo de David, violó sexualmente a su media hermana

3. David y Betsabé quebrantaron la ley que prohíbe el adulterio, y un cumplimiento ceremonial de la ley no podía borrar el acto.

Tamar. Absalón, hermano de Tamar, ardió en ira y la acumuló por dos años mientras David no hizo nada respecto a ese crimen. Finalmente, Absalón mató a Amnón y pasaron dos años antes de que David volviera a hablar con Absalón.

Como el máximo rechazo a la autoridad de su padre, Absalón instigó una rebelión contra David, obligando al rey a huir de Jerusalén. Absalón incluso subió al techo del palacio y públicamente tuvo relaciones sexuales con las concubinas de David, cumpliendo así la terrible profecía de Natán. Cuando finalmente la rebelión fue aplastada, Absalón estaba muerto, y David se derrumbó debido a la aflicción.

Problemas con la Nación (Caps. 19–20). El rey volvió a Jerusalén sólo para hallar más disensión entre los miembros de su reino. Las tribus de Israel y de Judá discutían por quién disfrutaba más de los favores de David. Finalmente, un "hombre indigno" llamado Seba, de la tribu de Saúl, de Benjamín, reunió a todas las tribus, excepto a Judá, para que siguieran rebelándose contra David. Esta rebelión también fue aplastada. Pero los problemas no se terminaron.

Apéndice: Capítulos 21–24

Los cuatro capítulos finales del libro enfocan varias palabras y obras de David. Estos reflejan su continua búsqueda de Dios al luchar con sus propias debilidades.

"En los días de David" (21:1) una hambruna de tres años asoló a Israel. El Señor le reveló a David que la hambruna era en castigo por la violación de Saúl de un pacto con los gabaonitas; algunos de los cuales él mató. Para reparar la situación con los gabaonitas David les entregó a siete de los descendientes de Saúl, a los cuales ahorcaron por el crimen de su antepasado.

La hambruna terminó, pero la guerra contra los filisteos continuó. Todas las batallas relatadas en 21:15–22 extrañamente incluyen gigantes. Los mataron a todos, pero no por mano de David, lo que no solo es señal de la edad del rey, sino tal vez también una señal de que sus días de gloria estaban llegando a su fin.

El capítulo 22 es un canto de alabanza que David entonó al Señor "el día que el SEÑOR lo libró de la mano de todos sus enemigos y de la mano de Saúl " (22:1). Después del canto David rememora en un poema la fidelidad de Dios para guardar su pacto. Los nombres y las obras de los "valientes" de David siguen al poema (cap. 23).

El libro concluye con el censo que David tomó. Este proyecto al parecer fue motivado por el orgullo y la auto suficiencia, porque acarreó el castigo de Dios. El Señor afligió a Israel con una peste, pero la retiró cuando David se arrepintió e intervino con ofrendas a favor de su pueblo (cap. 24).

Lecciones Permanentes

Cuarenta años de reinado son una gran porción de vida que observar. La pregunta importante es: ¿qué lecciones podemos sacar para nosotros?

Primero, *la prosperidad y holganza pueden ser tiempos peligrosos*. La abundancia material sí puede ser una señal de la bendición de Dios. Pero podemos usar los buenos dones de Dios precisamente para deshornarle a Él. La combinación de demasiado dinero y demasiado tiempo libre, puede ser mortal si decidimos no vivir en obediencia a Dios.

Segundo, *el pecado grotesco es la culminación de un proceso, y no un acto súbito*. David tenía siete esposas antes de casarse con Betsabé. No podemos esperar que en un harem exista campo para una noción santa del sexo. La lucha de David con sus deseos lujuriosos empezó mucho antes de que viera a Betsabé desde su azotea.

Tercero, *la confesión y arrepentimiento ayudan a sanar las heridas, pero no borran las cicatrices*. Un pastor puede recibir perdón por su enredo amoroso con su secretaria, pero a lo mejor nunca más vuelve a dirigir una iglesia. El homosexual salvado por la gracia de Dios con todo puede morir del SIDA que contrajo antes de entregarse a Cristo. El perdón de Dios siempre está a nuestra disposición, pero la mejor alternativa es evitar el pecado. Si pudiera preguntárselo, David le daría una buena respuesta.

Nociones para Vivir

Las siguientes preguntas pueden ayudarle a reflexionar:

¿Captó usted algún destello de Cristo, el "Hijo de David," en la historia de la vida de David? ¿Vio usted la figura anticipada de nuestro Rey perfecto, cuyo reino no tiene fin? El regreso celebrado del arca a Jerusalén puede haberle hecho recordar que Jesús, incluso más que el arca, es la presencia de Dios entre nosotros. ¿Qué le hizo recordar la bondad de David hacia Mefiboset? ¿Le mostró eso que a nosotros, en un tiempo lisiados espirituales, se nos ha permitido venir y sentarnos a la mesa del Rey?

Al leer el Segundo Libro de Samuel ¿qué otra experiencia de la vida de David le impulsa a reflexionar en la bondad y gracia de Dios por medio de Cristo?

Capítulo 12

1 Reyes: Salomón y una Guerra Civil

Vistazo de 1 Reyes

Viejo y cansado, David pasaba sus días tratando de calentarse envuelto en un montón de frazadas. Mientras soñaba en días idos, su hijo Adonías tramaba erigirse a sí mismo como rey, tal como Absalón, otro de sus hijos lo había tratado de hacer. La rebelión de Adonías tenía respaldo tanto militar como espiritual: Joab, el ex-comandante del ejército de David, y el sacerdote Abiatar estaban entre los que se unieron a la revuelta y gritaron "¡Viva el rey Adonías! "

Pero Dios ya había escogido al sucesor de David. Casi tan pronto como empezó la celebración de Adonías, se acabó y un nuevo clamor resonó por las calles de Jerusalén: "¡Viva el rey Salomón! "

Introducción a 1 Reyes

El Primer Libro de Reyes continúa la historia de la monarquía de Israel, siguiendo el rastro del reinado de Salomón, la división del reino y las vidas de los profetas y reyes tanto de Israel como de Judá. En el corazón del libro se encuentra el pacto de Dios con su pueblo. También se presenta a los varios monarcas a la luz de lo bien o lo mal que acataron las normas del pacto de Dios.

El Primer y Segundo Libro de Reyes, como 1 y 2 Samuel y 1 y 2 Crónicas, fueron originalmente un solo libro, llamado simplemente "Reyes" en la tradición hebrea. No se puede determinar con certeza quién lo escribió. La tradición judía se lo acredita a Jeremías, en tanto que otros han sugerido a Esdras y a Ezequiel. Sea quien sea que escribió 1 Reyes, incorporó en su trabajo fuentes externas, lo que era una práctica común entre los escritores bíblicos.[1]

1. La Biblia nos menciona algunas de estas fuentes: "el libro de los hechos de Salomón" (11:41), "libro de las Crónicas de los reyes de Israel" (14:19), y el "libro de las Crónicas de los reyes de Judá" (14:29).

1 Reyes

	Salomón *"En todo su esplendor"*	Declinación y Muerte	Trastorno *"Un reino dividido contra sí mismo"*	
POLÍTICAMENTE Salomón sucedió a David NACIONALMENTE Reino unido ECONÓMICAMENTE Sólido y seguro ESPIRITUALMENTE Tembleque	Coronación e investidura (1–2) Casamiento y exaltación (3–4) Construcción y dedicación del templo (5–8) Advertencia y bendición (9–10)		Conflicto y hostilidad interna (12–14) Guerra civil e idolatría (15–16) Acab y Elías (17–22) "Sirvió, pues, a Baal y lo adoró, y provocó a ira al SEÑOR, Dios de Israel, conforme a todo lo que había hecho su padre" (22:53)	POLÍTICAMENTE Rey tras rey NACIONALMENTE Reino dividido ECONÓMICAMENTE Inestable ESPIRITUALMENTE Vacío
	CAPÍTULOS 1–10	*CAPÍTULO 11*	*CAPÍTULOS 12–22*	

Tiempo	Cuarenta años	Ochenta años
Reino	Unido y fuerte	Dividido y débil
Personas	Salomón	Jeroboam a Ezequías Roboam a Josafat
Identidad	"Todo Israel . . . hijos de Israel"	Norte: Israel; Samaria, Efraín Sur: Judá, Jerusalén
Versículos Clave	9:3–9; 11:11–13	
Cristo en 1 Reyes	La sabiduría de Salomón, que predice en sombra "el cual se hizo para nosotros sabiduría de Dios" (1 Cor. 1:30); ministerio profético y milagros de Elías	

Reinado de Salomón: Capítulos 1–11

La primera parte del libro muestra a Salomón en todo su esplendor: su fama, su sabiduría y su riqueza. Bajo su reinado Israel entró en una era grandiosa pero su final fue trágico.

Ascenso de Salomón: Capítulos 1–10

Con Salomón ungido y declarado rey, el reinado falso de Adonías se disolvió de inmediato. Muy consciente de la responsabilidad y tentaciones que le esperaban a su hijo joven, David encargó a Salomón que anduviera con Dios para que el Señor cumpliera la promesa realizada a David y a su familia (1 Rey. 2:2 – 4). Habiendo dicho esta solemne advertencia, el rey pastor "durmió . . . con sus padres y fue sepultado en la ciudad de David" (v. 10). Después de la muerte de David, Salomón castigó o mató a los que se habían rebelado contra su padre. Con la justicia hecha y desaparecidos los enemigos, "fue confirmado el reino en las manos de Salomón" (v. 46).

El capítulo 3 abre con el matrimonio de Salomón con la hija del faraón; unión política que establecía ventajas comerciales tanto para Israel como para Egipto. Sin embargo, este capítulo relata algo más importante, es decir, el diálogo crucial entre Dios y Salomón.

> "Y en Gabaón el SEÑOR se apareció a Salomón de noche en sueños, y Dios le dijo: Pide lo que quieras que yo te dé. 6 Entonces Salomón dijo: . . . 9 Da, pues, a tu siervo un corazón con entendimiento para juzgar a tu pueblo y para discernir entre el bien y el mal. Pues ¿quién será capaz de juzgar a este pueblo tuyo tan grande?
>
> 10 Y fue del agrado a los ojos del SEÑOR que Salomón pidiera esto. 11 Y Dios le dijo: . . . 12 he aquí, he hecho conforme a tus palabras. He aquí, te he dado un corazón sabio y entendido, de modo que no ha habido ninguno como tú antes de ti, ni se levantará ninguno como tú después de ti. 13 También te he dado lo que no has pedido, tanto riquezas como gloria, de modo que no habrá entre los reyes ninguno como tú en todos tus días" (3:5 – 6a, 9–11a, 12–13).

La promesa de Dios demostró ser maravillosamente cierta. Después de que Salomón brillantemente medió en una severa disputa entre dos mujeres respecto a la custodia de un hijo, la noticia de su gran sabiduría se regó por todo el mundo conocido (4:29–34). Su reino se extendió, y el pueblo de Israel prosperó (vv. 20–28).

Luego dedicó sus energías a la construcción de la casa de Dios que su padre había soñado construir (caps. 5–6). Después de siete años de construcción quedó terminada la imponente estructura. (Su propio palacio tomó trece años de construcción y sólo el templo lo superaba en esplendor.) Se colocó el arca en el templo, y la gloria del Señor lo llenó. Luego Salomón dirigió al pueblo en adoración con oración y sacrificio; lo que fue un evento religioso tan espectacular como el mismo templo (cap. 8).

Con estos proyectos de construcción terminados, Dios llamó aparte a Salomón y le dio un solemne recordatorio: "Ten cuidado; no eres inmune al fracaso. Anda en mis caminos, y yo extenderé tu reino para siempre. Si te alejas de mí, y toda esta nación, incluyendo mi templo, quedarán en ruinas" (véase 9:1–9).

Por el momento Salomón anduvo con Dios, y la bendición de Dios era evidente en todo. Incluso la reina de Seba viajó casi tres mil kilómetros para ver si eran ciertos los informes que había recibido en cuanto a la riqueza y sabiduría de Salomón (10:1–10). En esos días no había nadie más famoso ni más solicitado que Salomón.

> "Así el rey Salomón llegó a ser más grande que todos los reyes de la tierra en riqueza y sabiduría. 24 Y toda la tierra procuraba ver a Salomón, para oír la sabiduría que Dios había puesto en su corazón" (10:23–24).

Sin embargo, Salomón pronto demostró que aquellos cuyos corazones se alejan de Dios pueden convertir incluso la bendición de Dios en destrucción propia.

Declinación y Muerte de Salomón: Capítulo 11

El capítulo 11, que es el gozne del primer libro de Reyes, Salomón cae de la fama al fracaso, del éxito a la sensualidad, de constructor del templo a adorador de ídolos. Sus problemas espirituales, como con su padre David, empezaron en casa. Salomón cedió a sus deseos por las mujeres extranjeras; "tuvo setecientas mujeres que eran princesas y trescientas concubinas, y sus mujeres desviaron su corazón" (v. 3), alejándolo del Señor para adorar a sus dioses falsos (vv. 3b–8).

Pero Salomón descubrió, como lo descubrió su padre, que el pecado tiene consecuencias.

> "Y el SEÑOR dijo a Salomón: Porque has hecho esto, y no has guardado mi pacto y mis estatutos que te he ordenado, ciertamente arrancaré el reino de ti, y lo daré a tu siervo. 12 Sin embargo, no lo haré en tus días, por amor a tu padre David, sino que lo arrancaré de la mano de tu hijo" (vv. 11–12).

A esas alturas Dios arrojó un enorme peñasco en las plácidas aguas del reino de Salomón, levantando enemigos de las naciones vecinas de Edom y Aram, que hostigaron a Salomón. Desde dentro de su reino, Dios llamó a Jeroboam, hijo de Nabat, para que gobernara sobre diez tribus de Israel, dejando sólo Judá y Benjamín como herederas de Salomón.

Reino Dividido: Capítulos 12–22

La última mitad de 1 Reyes relata la división del reino en el reino del norte (Israel) y del sur (Judá), y los triunfos y fracasos de sus reyes. El cuadro no es bonito. La inmoralidad e idolatría eran cada vez más abundantes a medida que ambas naciones se avenían a la forma de vida de las naciones que los rodeaban y cerraban sus corazones a los deseos de Dios. De los treinta y nueve monarcas que tuvieron entre las dos naciones, la Biblia caracteriza sólo a ocho de ellos como gobernantes buenos.

Roboam y Jeroboam: Capítulos 12–14

Después de la muerte de Salomón, su hijo Roboam subió al trono. Determinado a oprimir al pueblo en lugar de servirlo, sin proponérselo dividió el reino. Diez de las tribus siguieron a Jeroboam, que se estableció como rey sobre ellas. Roboam permaneció en Jerusalén para gobernar sobre Judá y Benjamín.

Aunque el reinado de Jeroboam había sido predestinado por Dios, este rey de inmediato se alejó de Él cuando estableció su trono en Siquem. Esperando impedir que sus seguidores fueran a Jerusalén para adorar en el templo, Jeroboam erigió becerros de oro para que ellos adoraran. También nombró a su propio sacerdocio falso. Debido a que Jeroboam hizo descarriar a Israel, Dios prometió exterminar de Israel su linaje.

A Judá no le fue mejor. Durante el reinado de Roboam Judá ofrecía sacrificios "en los lugares altos," construyó ídolos y participó en la prostitución en el templo.

Reyes de Judá

Después de que "durmió Roboam con sus padres y fue sepultado con sus padres en la ciudad de David" (14:31), su hijo Abiam (también conocido como Abías; véase 2 Crón. 13:2) llegó a ser el rey. Reinó sólo tres años, y su breve era se resume en 1 Reyes 15:3: "Y anduvo en todos los pecados que su padre había cometido antes de él."

Su hijo Asa, sin embargo, anduvo en los caminos de su bisabuelo: "Asa hizo lo recto ante los ojos del SEÑOR, como David su padre" (v. 11). Eliminó del templo a los hombres que ejercían como prostitutos y a los ídolos de su padre, y sacó a la reina madre de su poderoso cargo debido a la idolatría de ella. No obstante, los lugares altos siguieron en su sitio, pero la Biblia nos dice que "sin embargo el corazón de Asa estuvo dedicado por entero al SEÑOR todos sus días" (v. 14).

En el versículo 24 leemos que Josafat, hijo de Asa, subió al trono después de la muerte de su padre. Pero, significativamente, la narración de 1 Reyes deja a un lado la historia de Judá y retorna para describir la degeneración de Israel hasta el capítulo 22. Allí volvemos a tomar la hebra de la historia de Josafat y hallamos que fue un buen rey como su padre, aunque "todavía el pueblo sacrificaba y quemaba incienso en los lugares altos" (22:43).

La historia de Judá en 1 Reyes acaba con el hijo de Josafat, Joram, ascendiendo al trono.

Reyes de Israel

Mientras tanto, atrás, en el capítulo 15, vemos el principio de la larga hilera de reyes perversos de Israel. Nótese que Israel no tuvo una dinastía de reyes que procedieran de una sola familia, como fue en el caso de Judá. Muchos de los reyes de Israel ascendieron al trono mediante el asesinato.

- Nadab, hijo de Jeroboam, que reinó dos años e "hizo lo malo ante los ojos del SEÑOR" (v. 26), fue asesinado por Baasa.
- Baasa exterminó a toda la descendencia del perverso Jeroboam, pero con todo siguió a los ídolos e "hizo lo malo ante los ojos del SEÑOR" por todos sus veinticuatro años de reinado (vv. 33–34).
- Ela, perverso hijo de Baasa, le siguió en el trono, gobernando por dos años. Mientras estaba borracho, uno de sus comandantes militares lo mató (16:8–10).

- Zimri, que asesinó a Ela, luego exterminó a todo el linaje de Baasa. Su reinado de siete días acabó cuando Omri, comandante del ejército de Israel, asedió a la ciudad real. Acobardado, Zimri le prendió fuego a la casa del rey y se quemó allí (vv. 11–20).
- Tibni trató de quitarle el trono a Omri, que ya había sido declarado rey cuando Zimri usurpó el trono (v. 16). Omri prevaleció y Tibni murió (vv. 21–22).
- Omri reinó doce años y se ganó la distinción de obrar "más perversamente que todos los que fueron antes que él" (v. 25). Estableció a Samaria como capital de Israel y nombró para que le sucediera en el trono a un rey incluso más perverso que él: su hijo Acab (vv. 28–30).

Acab y Elías: Capítulos 17–22

Cuando llegamos a los últimos seis versículos del capítulo 16 entendemos por qué los dos capítulos previos enfocan más en Israel que en Judá. Como el sonido de los timbales después de un creciente crescendo, Acab es el clímax del mal en el primer libro de Reyes. Note la descripción bíblica del reinado de Acab:

> "Así Acab hizo más para provocar al SEÑOR, Dios de Israel, que todos los reyes de Israel que fueron antes que él" (16:33).

Sin embargo Dios no va a dejar a su pueblo en las tinieblas. Con la carencia de fe del rey Acab viene la fidelidad del profeta Elías.

En el capítulo 17 Elías se encuentra cara a cara con Acab y declara que debido a la maldad de Acab, Dios enviaría una sequía que resultaría en una terrible hambruna. Dios entonces escondió a su profeta junto al arroyo Querit, donde los cuervos milagrosamente le llevaron comida. Cuando el arroyo se secó Elías se dirigió al norte, a Sarepta, para vivir con una viuda paupérrima y su hijo. Elías fue el canal de la misericordia de Dios para esta mujer. Como los pescados y los panes en manos de Jesús, la harina y el aceite de esta mujer se multiplicaron mediante la promesa de Elías. Cuando su hijo murió Elías oró tres veces a Dios, y Dios le devolvió la vida al muchacho.

En el capítulo 18, Elías busca a Acab y a los profetas de Baal les presenta un valiente desafío. Con el poder de Dios verdadero, el profeta salió vencedor e hizo matar en el monte Carmelo a 450 frenéticos adoradores de Baal. Después Elías le dijo a Acab que la sequía había terminado y que era mejor que corra en busca de abrigo porque la tormenta se avecinaba. Jezabel, sin embargo, furiosa por la derrota de sus profetas, amenazó a Elías diciéndole que era mejor que *él* huya buscando refugio porque iba a matarlo (19:1–2).

El capítulo 19 nos muestra que incluso el más valiente de los profetas no era inmune a sentir temor, pues el relato nos describe al gran profeta Elías huyendo desesperadamente. En el desierto de Beerseba Dios cuidó a su confundido siervo y le enseñó lecciones importantes. Elías pensaba que solo él había quedado como un fiel siervo de Dios, pero Dios confrontó su complejo de mártir diciéndole que habían otros siete mil fieles que no habían doblado su rodilla ante dioses paganos (v.10, 14 y 18). Dios hizo notar a Elías que su poderosa presencia no siempre está en los grandes milagros. Le mostró que no estaba siempre en un viento que podía destruir piedras, ni en un terremoto, ni en un poderoso fuego, sino a veces en "el susurro de una brisa apacible" (v. 12). Dios quería que Elías volviera a la sencillez de la vida cristiana y no viva buscando milagros. Además, Dios trató a Elías en su crisis emocional. Por temor, el profeta había abandonado todo, aun a su siervo le pidió que no lo siguiera, pero Dios con gentileza le recordó a Elías que no estaba solo en su batalla contra Acab, e incluso le proveyó de un compañero y pupilo: Eliseo.

El capítulo 20 relata una guerra entre Ben-adad y Acab, el cual, como Saúl antes de él, desobedeció a Dios y dejó con vida al rey enemigo. Cuando el profeta de Dios le reprendió, Acab "se fue a su casa disgustado y molesto" (v. 43); esa condición era un presagio de los tétricos eventos del capítulo 21.

Allí a Acab se le antojó querer una viña que era de Nabot de Jezreel. Cuando Nabot no quiso venderle la propiedad, Acab se indignó y la terrible Jezabel fraguó un complot. Hizo arreglos para que acusaran falsamente a Nabot y lo lapidaran, a fin de que su esposo pudiera apropiarse de la viña de Nabot. Elías de nuevo confrontó al perverso rey, diciéndole: "Así dice el SEÑOR: 'En el lugar donde los perros lamieron la sangre de Nabot, los perros lamerán tu sangre, tu misma sangre'" (21:19).

En el capítulo 22 Acab hace guerra para reclamar la ciudad de Ramot de Galaad. Convenció a Josafat, rey de Judá, que fuera a la lucha con él; pero luego se disfrazó para la batalla, dejando a Josafat como el único que parecía rey, y por lo tanto, era el blanco perfecto. Sin embargo, a Dios no lo engañó. Dios prefirió que el blanco sea Acab y por ello "un hombre disparó su arco al azar," hirió a Acab, y el rey se desangró en su carruaje hasta morir. Cuando sus criados lavaron la sangre, los perros vinieron y la lamieron (vv. 34–38), tal como Elías lo había profetizado.

Después de la muerte de Acab subió al trono su hijo Ocozías, "e hizo lo malo ante los ojos del SEÑOR" (v. 52).

Y así termina el primer libro de Reyes. Lamentablemente, termina de una forma totalmente opuesta a los días gloriosos de David.

Puntos Destacados de Aplicación

Cuatro lecciones de aplicación surgen de este libro. Primero, *las inclinaciones pecaminosas no refrenadas pasan de padres a hijos*. Roboam aprendió la idolatría de Salomón. Salomón aprendió de David la lujuria. La pregunta que debemos hacernos es: ¿qué le estamos enseñando a nuestros hijos? La realidad es que ellos nos están observando, sea que nos demos cuenta o no.

Segundo, *somos más vulnerables a las tentaciones cuando menos lo esperamos*. Salomón cayó cuando estaba en la cumbre de su éxito. Lo mismo nos puede ocurrir a nosotros. Los logros espirituales y materiales del pasado no garantizan nuestra fidelidad en el futuro. Si queremos mantenernos, debemos depender constantemente de la dirección y de la protección de Dios.

Tercero, *Dios siempre tiene a la persona precisa para la necesidad de la hora*. Siempre habrá Jeroboams y Acabs. Pero Dios siempre tiene un Asa o un Elías a la espera. Sin que importe lo grande que sea la perversidad de este mundo, Dios no permitirá que la luz de su justicia sea apagada.

Cuarto, *cuando la vida parece especialmente oscura Dios está especialmente cerca*. Dios se especializa en convertir las tinieblas en luz, la desesperanza en esperanza, y la derrota en victoria. ¿Necesita usted prueba? Solo recuerde que hay una tumba vacía en Jerusalén y un trono ocupado en el cielo.

Nociones para Vivir

Los reinos, los pactos, las naciones y la eternidad, todo está bajo el control de Dios. Pero no se equivoque. Él no se despreocupa de nosotros. Su noción panorámica de la historia de la redención no le hace perderse ni el más mínimo detalle de la necesidad humana.

Dios quita del poder a un reino y establece a otro, y sin embargo nunca olvida que los reinos están hechos de personas. Personas como la viuda de Sarepta, afligida por la muerte de su hijo. Por medio del profeta Elías, Dios le devolvió la vida al hijo, y la alegría a su madre (1 Rey. 17:17–24).

Dios no es como muchos padres humanos que pierden el contacto con las personas importantes de sus vidas porque se entregan por entero a su trabajo. Dios no se pierde ni el más mínimo detalle. Las propias palabras de Jesús nos dan prueba de su permanente preocupación y cuidado:

> "Mirad las aves del cielo, que no siembran, ni siegan, ni recogen en graneros; y sin embargo, vuestro Padre celestial las alimenta. ¿No sois vosotros de mucho más valor que ellas? " (Mat. 6:26).

La pregunta final es: ¿existen algunos detalles de su vida que le preocupan y desea ponerlos hoy en las manos de Dios? ¿Cuáles son?

Capítulo 13

2 Reyes: Del Acomodo al Cautiverio

Vistazo de 2 Reyes

Dios cumple su palabra.

Parece que ha pasado largo tiempo desde que leímos el pacto que Dios hizo con su pueblo en Deuteronomio. Tal vez el pacto también les parecía algo muy distante a los hebreos en la era de los reyes. Pero aunque el paso del tiempo puede desvanecer nuestros recuerdos y erosionar las promesas que hacemos, no ocurre lo mismo con Dios. Dios está a punto de cumplir una determinada promesa que había realizado a su pueblo por medio de Moisés.

> "Pero sucederá que si no obedeces al SEÑOR tu Dios, guardando todos sus mandamientos y estatutos que te ordeno hoy, vendrán sobre ti todas estas maldiciones y te alcanzarán; . . .
>
> El SEÑOR te llevará a ti y a tu rey, al que hayas puesto sobre ti, a una nación que ni tú ni tus padres habéis conocido, y allí servirás a otros dioses de madera y de piedra. 37 Y vendrás a ser motivo de horror, proverbio y burla entre todos los pueblos donde el SEÑOR te lleve" (Deut. 28:15, 36–37; véase también vv. 49–57; 64–68).

Dios había puesto delante de su pueblo la vida y la muerte, bendiciones y maldiciones. Como hemos visto en 1 Reyes, y así como veremos en 2 Reyes, tanto Israel como Judá repetida y obstinadamente escogieron las maldiciones. Debido a su persistente desobediencia Dios les dio lo que escogieron: el cautiverio.

Bruce Wilkinson y Kenneth Boa escriben: "El reino que se dividió en el Primer libro de Reyes, se convierte en el reino que se disuelve en el Segundo libro de Reyes. La paciencia de Dios es larga; la súplica de Dios es persistente, pero cuando se la ignora, el amor de Dios también puede ser severo." [1]

1. Bruce Wilkinson y Kenneth Boa. *Talk Thru the Bible* (Nashville, Tenn.: Thomas Nelson Publishers, 1983), p. 91.

2 Reyes

	Reino del Norte Israel	Ambos Reinos (Alternados)	Reino del Sur Judá
	CAÍDA DE ISRAEL ANTE ASIRIA 722 a.C.	CAÍDA DE JUDÁ ANTE BABILONIA 586 a.C.	
	CAPÍTULOS 1–10	*CAPÍTULOS 11–17*	*CAPÍTULOS 18–25*
Profetas del Norte	Elías Eliseo	Jonás Amós Oseas	
Profetas del Sur		Abdías Joel Miqueas Isaías	Nahum Zofonías Jeremías Habacuc
Reyes del Norte	Ocozías a Oseas		
Reyes del Sur		Joram a Sedequías	
Tema Principal	Dios es paciente, pero no permite que el pecado persistente quede sin castigo		
Capítulos Clave	17 y 25		
Cristo en 2 Reyes	Prefigurado en sombra en la fidelidad de algunos de los reyes de Judá; visto en el ministerio de sanidad y compasión de Eliseo		

Sigamos estudiando la continuación de los relatos de Israel y Judá y aprendamos de corazón sus duras lecciones para que nosotros evitemos una catástrofe espiritual similar en nuestras vidas.

Estructura de 2 Reyes

El Segundo Libro de Reyes, como 1 Reyes y Crónicas, puede ser difícil de seguir. Está repleto de nombres y fechas, lugares y sucesos y a menudo se relatan rápidamente. Es útil entender que el autor de 2 Reyes

> sistemáticamente sigue el rastro de los monarcas reinantes de Israel y de Judá, primero haciendo avanzar la historia de una nación, y luego retrocediendo al mismo período de la otra nación.[2]

Los primeros diez capítulos dan prominencia a personas y eventos de Israel, el reino del norte. Los capítulos 11–17 alternan entre Israel y Judá, hasta que Israel cae ante Asiria, en el capítulo 17. La última sección, capítulos 18–25 siguen a Judá y a sus reyes hasta su deportación a Babilonia.

Énfasis en el Reino del Norte: Capítulos 1–10

Ocozías, hijo de Acab, heredó no sólo los caminos perversos de su padre, sino también al profeta que no permitió que su padre escape del anzuelo.

Elías y *Ocozías*: *Capítulos* 1–2

Después de que una herida derivó en una enfermedad persistente, Ocozías buscó ayuda sobrenatural, pero no del Dios de Israel. Sin embargo, lo que recibió fue a Elías, profeta de Dios, y también una reprensión divina, y la muerte en lugar de su recuperación (2 Rey. 1). Joram, hermano menor de Ocozías, le sucedió como rey de Israel.

En el capítulo 2 vemos que ocurre otra sucesión. En contraste con el abandono que el Señor le aplicó a Ocozías, envió "un carro de fuego y caballos de fuego" para que llevaran a Elías "al cielo en un torbellino" (v. 11). Como Enoc antes que él (véase Gén. 5:24), Elías fue uno de los dos individuos en toda la historia que escaparon de la muerte. El manto del profeta entonces pasó a su aprendiz Eliseo, cuyo ministerio se destaca desde aquí hasta el capítulo 8.

2. Wilkinson y Boa, *Talk Thru the Bible*, p. 92.

Eliseo: Capítulos 2–13

Dios no desperdició tiempo para poner a Eliseo a trabajar. Estos son unos cuantos puntos destacados de su ministerio.

- Por medio de Eliseo Dios llenó de aceite las vasijas vacías de una viuda pobre, y ella vendió el aceite para pagar sus deudas e impedir que sus hijos fueran llevados como esclavos.

- Le pidió a Dios que le concediera a una sunamita el hijo que deseaba; y cuando el muchacho más tarde murió, él lo revivificó (vv. 8–37).

- Multiplicó panes para dar de comer a la gente, tal como Jesús lo haría en su propio ministerio (vv. 42–44; véase también Mat. 14:13–21; 15:32 – 38).

- Sanó de lepra a Naamán, un capitán arameo (2 Rey. 5:1–19).

- Aseguró el tratamiento misericordioso para los enemigos que Israel había capturado (6:8–23).

La paz verdadera, sin embargo, nunca se estableció en Israel, como muestra el capítulo 8. Eliseo profetizó conflictos futuros entre Siria e Israel (v. 22), mientras que Judá batallaba contra Edom.

El perverso rey Joram, de Judá, se casó con Atalía, hija de Acab, y después de su muerte, su hijo Ocozías subió brevemente al trono. Mientras tanto, en Israel, la dinastía de Acab estaba a punto de ser exterminada.

Jehú: Capítulos 9–10

Los capítulos 9 y 10 relatan la historia de Jehú, a quien Eliseo había ungido como rey sobre Israel. Sin embargo, Joram, hijo de Acab todavía estaba en el trono. Pero Jehú era el escogido por Dios; no sólo para asumir el trono, sino también para destruir lo que quedaba del linaje de Acab, cumpliendo así la profecía de Dios de que la dinastía desparecería (véase 1 Rey. 21:20–29).

Jehú ejecutó su sangriento deber con precisión y astucia, asesinando tanto al rey Joram de Israel y a su sobrino, el rey Ocozías de Judá. Para cuando la acometida asesina de Jehú terminó, la casa de Acab, incluyendo su malvada esposa, Jezabel, había quedado casi exterminada. La muerte de Jezabel fue incluso más espantosa que la de su esposo, sin embargo, igualmente era otro acierto profético (compare 1 Rey. 21:23 con 2 Rey. 9:30–37). Luego Jehú eliminó de Israel la adoración a Baal, aunque "no se cuidó de andar en la ley del SEÑOR, Dios de Israel, con todo su corazón" (10:31).

Relatos Alternados de los Dos Reinos: Capítulos 11–17

La dinastía de Acab desapareció de Israel; así que su hija Atalía intentó preservarla en Judá apoderándose del trono y aniquilando el linaje de David.

Atalía, Reina de Judá: Capítulo 11

La muerte de su hijo Ocozías dejó libre el camino para que Atalía se declarara reina y matara a todos los legítimos herederos al trono de David porque su cólera era muy grande.

Sin embargo, el Señor intervino para preservar el linaje de Judá: una tía, Josaba, tomó al nieto de Atalía, Joas, y lo escondió. Guardado con seguridad durante los seis años de reinado de Atalía, a los siete años, Joás fue declarado públicamente rey y la reina fue ejecutada (cap. 11).

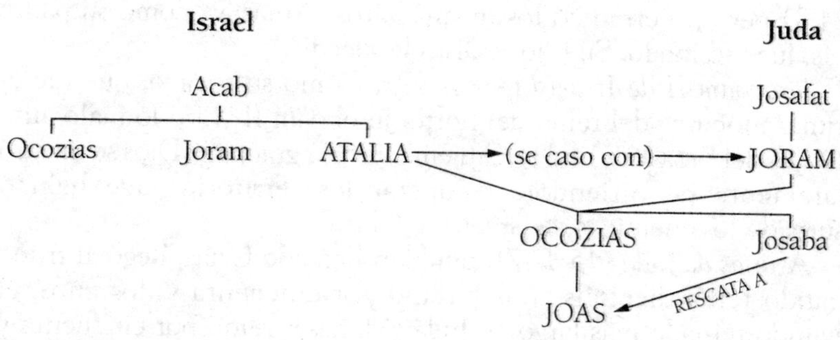

Joás de Judá: Capítulo 12

En general, en el Segundo Libro de Reyes a Joás se le considera un rey bueno, aunque "los lugares altos no fueron quitados" (12:3). Lo que sí hizo fue reparar el templo, que había quedado en el olvido durante los reinados de Atalía, su padre y su abuelo. Joás, junto con el sacerdote Joiada, eliminaron de Judá la adoración a Baal. Thomas L. Constable destaca la importancia de su reinado.

> El principio del reinado de Joás, marca el comienzo de más de cien años de gobierno consecutivo de cuatro hombres a los que se les juzga como reyes buenos. Ninguno de estos cuatro: Joás, Amasías, Azarías (Uzías) y Jotam fueron tan buenos como Josafat, Ezequías o Josías, pero juntos proveyeron el período continuo más largo de liderazgo aprobado por Dios en la historia de Judá.[3]

Joás murió a manos de asesinos; y su hijo Amasías le sucedió.

El Resto de Reyes de Israel y Judá

Empezando en el capítulo 13 la narración se acelera, y se resume en sinopsis los reinados de los reyes de ambos reinos.

Joacaz de Israel (13:1–9). Debido a que "siguió tras los pecados con que Jeroboam, hijo de Nabat, hizo pecar a Israel" (13:2), Dios utilizó a los arameos para castigar a los israelitas durante su reinado.

Jeoás de Israel (13:10–13). El hijo de Joacaz también "hizo lo malo ante los ojos del SEÑOR" (v. 11). Eliseo murió durante su reinado, pero no sin antes bendecir a Israel con victorias militares contra los arameos.

Amasías de Judá (14:1–14) "hizo lo recto ante los ojos del SEÑOR" (14:3) pero no erradicó los lugares altos. Amasías, como su padre Joás, fue asesinado. Su hijo Asarías le sucedió.

Jeroboam II de Israel (14:23–29). Como su tocayo, que fue el primer monarca del reino del norte, Jeroboam II "hizo lo malo ante los ojos del SEÑOR" (14:24). Sin embargo, la gracia de Dios se mostró claramente permitiéndole recuperar los territorios que habían usurpado los enemigos de Israel.

Azarías de Judá (15:1–7), también llamado Uzías, llegó al trono cuando tenía dieciséis años y reinó por cincuenta y dos años; el segundo reinado más largo de Judá (Manasés reinó por cincuenta y cinco años). Azarías "hizo lo recto ante los ojos del SEÑOR . . . Sólo que los lugares altos no fueron quitados" (15:3–4). El Segundo Libro de Crónicas nos dice que Azarías a la larga se enorgulleció y usurpó los deberes de los sacerdotes, por lo cual Dios le castigó con lepra (2 Crón. 26:16–23).

3. Thomas L. Constable, "2 Kings," *The Bible Knowledge Commentary*, Old Testament edition, ed. John F. Walvoord y Roy B. Zuck (Wheaton, Ill.: Scripture Press Publications, Victor Books, 1985), p. 561.

Zacarías, Salum y Manahem de Israel (15:8–22). Zacarías, hijo de Jeroboam II, reinó sólo por seis meses antes de que lo asesinara Salum, el cual reinó apenas un mes antes de que Manahem lo asesinara. Manahem fue un rey perverso y cruel que impidió una invasión asiria sobornando al rey.

Pekaía y Peka de Israel (15:23–31). Pekaía, hijo de Manahem, continuó dirigiendo a Israel hacia abajo por la senda del mal, hasta que Peka lo asesinó. El perverso reinado de Peka duró veinte años. El rey de Asiria saqueó muchas de las ciudades de Israel durante su reinado, inclusive deportando a Asiria a algunos israelitas.

Jotam de Judá (15:32–38), hijo de Azarías, completa el grupo de cuatro reyes buenos de Judá.

Acaz de Judá (16:1 –20). A diferencia de los cuatro reyes de Judá que le precedieron, el hijo de Jotam, Acaz, "anduvo en el camino de los reyes de Israel" (16:3). También formó una dañina alianza con el rey de Asiria, lo que abrió la puerta a la invasión del enemigo. Después de un reinado de dieciséis años, su hijo Ezequías le sucedió.

Oseas, último rey de Israel (17:1–41). Los días de Israel como nación llegaron a su fin bajo Oseas. En 722 a.C. Dios envió a los asirios para que capturen Samaria y se lleven a todos sus pobladores debido a que "no obedecieron la voz del SEÑOR su Dios, sino que quebrantaron su pacto, es decir, todo lo que Moisés, siervo del SEÑOR, había ordenado; no escucharon, ni lo cumplieron" (18:12; véase también 17:7–17). El rey de Asiria reemplazó la población de Israel con otros pueblos subyugados. Incluso puso allí a un sacerdote para que enseñara el camino de Dios, para así apaciguar su ira. Pero "aunque estas naciones temían al SEÑOR, también servían a sus ídolos" (17:41).

Así es como Dios juzgó a Israel por su desobediencia. El turno para la disciplina de Judá vendría 136 años más tarde.

Énfasis en el Reino del Sur: Capítulos 18–25

Con el reino de Israel ya caído, el escritor de 2 Reyes dirige su atención a los últimos reyes de Judá.

Ezequías: Capítulos 18–20

El arduo camino de Judá hacia el cautiverio en Babilonia no pudo ser recorrido sin los necesarios descansos de renovación y vitalidad espiritual. El rey Ezequías, por ejemplo

> "hizo lo recto ante los ojos del SEÑOR, conforme a
> todo lo que su padre David había hecho. . . .
> 5 Confió en el SEÑOR, Dios de Israel; y después de él,
> no hubo ninguno como él entre todos los reyes de
> Judá, ni entre los que fueron antes de él" (18:3, 5).

Ezequías purgó de ídolos la tierra, incluyendo los lugares altos; y su fe en Dios salvó a Jerusalén de los asirios. Como recompensa por su dependencia en Dios, el Señor le añadió quince años a su vida (20:6). Sin embargo, una instancia de arrogancia cuando Ezequías trató de impresionar a unos visitantes de Babilonia, motivó la predicción del cautiverio en Babilonia; pero no en vida de Ezequías (vv. 12–21).

Manasés (21:1–18)

¡Qué diferencia puede hacer una generación! Manasés puede haber sido el peor rey tanto en la historia de Israel como de Judá. Deshizo todo el bien que su padre Ezequías había hecho. Reedificó los lugares altos, revivió la adoración a Baal, y erigió ídolos por toda la tierra. Practicó la hechicería y consultó espiritistas. Incluso ofreció a su hijo como sacrificio humano. Su sangriento reinado duró más años que cualquiera de los otros reyes de Judá o Israel: cincuenta y cinco años.

Amón (21:19–26)

El hijo de Manasés no fue mejor que su padre. Uno de sus propios oficiales lo mató.

Josías (22–23:30)

Como último rey de Judá, Josías dirigió a la nación en un despertamiento espiritual sin precedentes. Mientras estaban reparando el templo un sacerdote halló una copia extraviada del Libro de la Ley. Después de oír su lectura el joven Josías se lamentó por el punto tan distante al que el pueblo se había apartado de las normas de Dios.

Así que el rey hizo el pacto de seguir al Señor. Derribó los ídolos y eliminó a los sacerdotes corruptos y a los médiums. Tal vez, más importante, volvió a instituir la Pascua. Josías murió en batalla contra el faraón Necao de Egipto.

> "Y antes de él no hubo rey como él que se volviera al
> SEÑOR con todo su corazón, con toda su alma y con

todas sus fuerzas, conforme a toda la ley de Moisés, ni otro como él se levantó después de él" (23:25).

Joacaz, Joacim, Joaquín y Sedequías (23:31–25:30)

Judá tuvo otros cuatro reyes en los próximos veintidós años y medio, antes de caer ante los babilonios. Ningunos de los cuatro anduvo con el Señor. Joacaz murió como prisionero del faraón Necao en Egipto. Bajo Joacim, Judá se convirtió en un estado vasallo de Babilonia. Pero Joacim se rebeló contra Nabucodonosor, rey de Babilonia, lo que hizo que este rey y otras naciones enemigas ataquen a Jerusalén (602 a.C.). A la muerte de Joacim su hijo, Joaquín, tomó el trono. Fue deportado a Babilonia en 597 a.C.

En 586 a.C., durante el reinado de Sedequías, Nabucodonosor abrió brecha en las murallas de Jerusalén. Lo último que Sedequías vio fue el asesinato de sus propios hijos; y después le sacaron los ojos y lo llevaron encadenado. Los invasores incendiaron Jerusalén, desmantelaron el templo, y se llevaron todas sus riquezas a Babilonia. Así cayó sobre Judá la pesada mano del castigo de Dios. Pero Él no olvidaría a su pueblo. Incluso en el cautiverio los alentaría, protegería y preservaría.

> "Y aconteció que en el año treinta y siete del
> cautiverio de Joaquín, rey de Judá, en el mes
> duodécimo, a los veintisiete días del mes, Evil-merodac,
> rey de Babilonia, en el año en que comenzó a
> reinar, sacó de la prisión a Joaquín, rey de Judá; 28 y
> le habló con benevolencia y puso su trono por encima
> de los tronos de los reyes que estaban con él en
> Babilonia. 29 Le cambió sus vestidos de prisión, y
> comió en la presencia del rey siempre, todos los días
> de su vida; 30 y para su sustento, se le dio de continuo
> una ración de parte del rey, una porción para
> cada día, todos los días de su vida" (25:27–30).

Con el tiempo Dios los llevaría de regreso a Jerusalén.

Nociones para Vivir

Llegó el momento de nuestra reflexión. ¿Qué ha aprendido respecto a la naturaleza y carácter de Dios en su estudio de los reyes de Israel y Judá? ¿Ha descubierto de nuevo lo serio que Dios considera el pecado? ¿Ha entendido lo paciente, lleno de amor y de misericordia que es Dios? ¿Notó con qué pasión se interesa por las vidas de su pueblo? ¿Comprendió lo firmes que son sus promesas? En los espacios que siguen anote lo que ha descubierto.

Escriba lo que los profetas le enseñan: ______________________

____

____

____

Anote lo que los reyes malos le enseñan: ____________________

____

____

____

Escriba lo que los reyes buenos le enseñan: __________________

____

____

____

¿Piensa usted que Dios fue justo en el castigo final que envió a su pueblo? ¿Por qué sí o por qué no? ______________________

____

____

____

____

Capítulo 14

1 Y 2 CRÓNICAS: REAFIRMACIÓN DE UN REMANENTE

Vistazo de 1 y 2 Crónicas

Los siguientes versículos, que afirman la identidad del pueblo de Dios, brotaron de la pluma del apóstol Pedro. Sin embargo, bien podrían haber sido escritas por el cronista a los exiliados de su nación:

> "Pero vosotros sois linaje escogido, real sacerdocio, nación santa, pueblo adquirido para posesión de Dios, a fin de que anunciéis las virtudes de aquel que os llamó de las tinieblas a su luz admirable; 10 pues vosotros en otro tiempo no erais pueblo, pero ahora sois el pueblo de Dios; no habíais recibido misericordia, pero ahora habéis recibido misericordia" (1 Ped. 2:9–10).

Habiendo pasado por setenta años terribles del castigo de Dios por sus pecados, los judíos deben haber tenido dudas en cuanto a su futuro. Seguramente se preguntaban: ¿estará dispuesto Dios a seguir guardando sus pactos con su nación debilitada y disminuida? ¿Tendrá Él todavía un plan, "un futuro y una esperanza" (Jer. 29:11)? Después de que ellos habían traicionado su amor y bondad, ¿tendría Él todavía un propósito para ellos? ¿Seguirían ellos siendo su pueblo?

El apóstol Pedro contesta como si fuera el cronista. Sí, ustedes todavía son "linaje escogido, real sacerdocio, nación santa, pueblo adquirido para posesión de Dios." A este remanente de judíos esperanzados y titubeando el cronista les ofrece la reafirmación de la gracia e irrevocable llamamiento de Dios (véase Rom. 11; nótese especialmente el v. 29).

Clave para Entender y Apreciar Crónicas

Los libros de Crónicas cubren el mismo período de historia hebrea que se describe desde 2 Samuel a 2 Reyes. Pero empezando

1 Y 2 CRÓNICAS

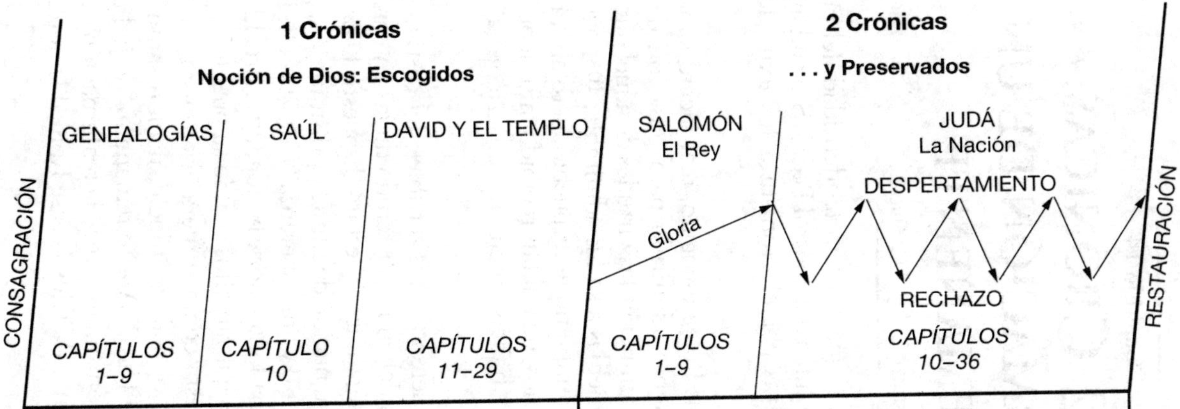

	1 Crónicas			2 Crónicas	
	Noción de Dios: Escogidos			. . . y Preservados	
CONSAGRACIÓN	GENEALOGÍAS	SAÚL	DAVID Y EL TEMPLO	SALOMÓN El Rey Gloria	JUDÁ La Nación DESPERTAMIENTO RECHAZO RESTAURACIÓN
	CAPÍTULOS 1–9	*CAPÍTULO 10*	*CAPÍTULOS 11–29*	*CAPÍTULOS 1–9*	*CAPÍTULOS 10–36*
Proceso	Pequeño hecho grande			Grande se vuelve pequeño	
Énfasis	Determinación personal			Deterioración nacional	
Historia	De la creación del mundo a la creación del reino			Del templo de Salomón a la reconstrucción del templo	
Tema Unificador	El templo: el estado estructural del templo corresponde al estado espiritual del pueblo				
Pasajes Clave	1 Crónicas 17; 29: 10–13; 2 Crónicas 7:12–22; 16:9a				
Cristo en Crónicas	Cristo aparece como predicción en el Pacto Davídico (1 Crón. 17), y prefigurado en los reyes idealizados David y Salomón; también el arca y el templo tipifican el poder y la presencia de Cristo con nosotros				

con Adán, 1 Crónicas traza cómo Dios escogió a un pueblo, luego a una tribu específica, y luego el linaje de un hombre por medio del cual el Mesías de Dios salvaría y bendeciría al mundo. El Segundo Libro de Crónicas reitera la fidelidad de Dios a pesar de la falta de fe de parte de su pueblo, e ilustra la esperanza de restauración a pesar de la rebelión de su pueblo.

Los libros de Crónicas, más que cualquier otra cosa, presentan el movimiento y esencia de la historia de la salvación.

Nombre y Orden Bíblico

El Primer y el Segundo Libro de 2 Crónicas, tal como Samuel y Reyes, fueron originalmente un solo libro. El título hebreo, *dibre jayyamim* quiere decir "los eventos (o anales) de los días (o años)." La Septuaginta erróneamente lo clasificó como suplemento a Samuel y a Reyes, titulándolos "Las Cosas Omitidas." Jerónimo (347–420 d.C.), al traducir las Escrituras al latín sugirió un nombre más apropiado: crónica de toda la historia sagrada."[1]

En la Biblia de nuestros días 1 y 2 Crónicas preceden a los libros que continúan su historia: Esdras y Nehemías. Sin embargo, las Escrituras Hebreas concluyen con Crónicas. Michael Wilcock destaca la significación de esto:

> La manera en que el cronista resume verdades [viejas y fundamentales], no enseña nada que no se pueda hallar en otros lugares de las Escrituras, y sin embargo, enseñando con un sentido de vitalidad, contraste y drama que es propio, debe traer a la mente el último libro del Nuevo Testamento. Como Juan y Apocalipsis, Crónicas redondea una sección entera principal de las Escrituras diciendo: "De esto es que realmente se trata. De esto es que siempre se ha tratado, y siempre se tratará."[2]

Autor y Escenario Histórico

La tradición judía opina que Esdras fue el autor, pero en los libros no se menciona a ningún escritor. Por esa razón preferimos referirnos

1. Raymond Dillard, "Introduction to 1 Chronicles," en *The NIV Study Bible*, ed. Kenneth Barker y otros (Grand Rapids, Mich.: Zondervan Publishing House, 1985), p. 578.

2. Michael Wilcock, *The Message of Chronicles*, The Bible Speaks Today Series (Downers Grove, Ill.: InterVarsity Press, 1987), p. 18.

al escritor como "el cronista," dando campo para la autoría de Esdras o de alguno de sus contemporáneos.

Probablemente terminado entre 450 y 400 a.C., Crónicas hablaba a los judíos que habían vuelto a su tierra natal después del exilio babilónico. El templo debe haber estado ya reconstruido, alrededor del 516 a.C., y para este tiempo Nehemías tal vez ya había terminado de reconstruir el muro de Jerusalén. Entonces esta comunidad debe haber estado tratando de volver a marchar con sus propios pies, como pueblo de Dios.

La Singularidad de Crónicas

Debido a que los escritores tuvieron propósitos diferentes, Crónicas es más positivo que Samuel y Reyes. Por ejemplo, el cronista omite el pecado de David con Betsabé y el subsiguiente caos en su familia y en la nación. También se omiten los pecados de Salomón; más bien se da precedencia a su construcción del templo. Tampoco se halla aquí la historia de Israel, sino sólo de Judá; porque el reino de norte abandonó el templo del Señor para adorar ídolos. No fue que Dios los abandonó, sin embargo; Judá repetidas veces invitó a las tribus del norte a unirse a ellos en sus reformas y despertamientos, y muchos lo hicieron. Finalmente, de los veintisiete capítulos que tratan de los reyes de Judá, diecinueve se dedican a ocho monarcas "buenos."

La siguiente tabla nos ayuda a cristalizar la singularidad de Crónicas.[3]

Samuel y Reyes	Crónicas
• Historia de Israel desde el reino unido a los dos cautiverios	• Enfoca el linaje davídico por el exilio, al decreto para que regresen
• Escritos pronto después de los eventos	• Escrito mucho después de los eventos
• Más negativos: rebelión y tragedia	• Más positivo: apostasía, pero esperanza a pesar de la tragedia
• Mensaje de juicio	• Mensaje de esperanza
• Fracasos del hombre	• Fidelidad de Dios
• Énfasis en reyes y profetas	• Énfasis en templo y sacerdotes

3. Adaptado de Bruce Wilkinson y Kenneth Boa, *Talk Thru the Bible* (Nashville, Tenn.: Thomas Nelson Publisherts, 1983), p. 102.

Propósito y Temas

Al escribir su perspectiva de la historia de los judíos el cronista procuraba alentar a su pueblo recalcando que Dios todavía estaba con ellos, tal como lo había estado siempre; que había continuidad entre su pasado glorioso y su presente conflictivo. Eugene Merrill lo dice en forma más específica:

> El propósito de 1 y 2 Crónicas es mostrar la gracia de Dios electiva y preservadora en su pueblo del pacto por medio de David, el rey y sacerdote mesiánico.[4]

Con un propósito tan grandioso como este, no sorprende que estos dos libros sean ricos en temas. Los siguientes son unos pocos de ellos:

- Dios soberanamente elige, y moldea la historia para realizar su buena voluntad.
- Cuando nos oponemos a Dios mediante la desobediencia, recibimos castigo. Pero cuando nos arrepentimos y humildemente le buscamos, Él nos perdona y nos restaura.
- Dios honra al corazón completamente entregado a Él.

Vistazo de Crónicas

Ahora que ya tenemos las claves para entender Crónicas, desenterremos los tesoros de las cuatro secciones principales de los libros.

Pueblo Escogido por Dios (1 Crón. 1–9)

En son de broma el comentarista Michael Wilcock pregunta "¿Qué podía ser más estupendamente aburrido que los primeros nueve capítulos de 1 Crónicas?"[5] Son relatos intimidantes pues existen páginas tras páginas de nombres, con oscuros detalles históricos salpicados aquí y allá. No obstante, hay un patrón aquí, y nos enriquecerá el verlo.

4. Merrill cita 1 Crónicas 15:25 – 28 y 2 Samuel 6:12 – 15 en respaldo del sacerdocio de David. En estos pasajes la Biblia nos dice que David vestía un efod de lino, que era ropa sacerdotal. "1 Chronicles," en *The Bible Knowledge Commentary*, Old Testament edition, ed. John F. Walvoord y Roy B. Zuck (Wheaton, Ill.: Scripture Press Publications, Victor Books, 1985), p. 591.

5. Wilcock, *The Message of Chronicles*, p. 19.

Los capítulos 1–3 al pasar de Adán a "los hijos de Elioenai," trazan de la creación a la restauración. Estas genealogías muestran a Dios escogiendo a su pueblo (en Abraham); a su nación (en Jacob, llamado Israel en estos libros); su tribu de realeza (en Judá), y su linaje real y mesiánico (en David). Al rastrear el linaje de David más allá del exilio a la restauración el autor enfatiza la continuidad del pueblo de Dios y su pacto.

Los capítulos 4–7 siguen a las tribus de Israel, con énfasis especial en Leví porque fue consagrada como la tribu sacerdotal que guiaría al pueblo a servir a Dios.[6] El capítulo 8 bosqueja la genealogía de Saúl por la tribu de Benjamín. El capítulo 9 empieza con una lista de los primeros que se establecieron de nuevo en Jerusalén después del exilio; luego acaba repitiendo la genealogía de Saúl; preludio para el capítulo 10.

El Rey Escogido de Dios (1 Crón. 10–29)

La muerte de Saúl y un breve comentario de su infidelidad sirven como transición al reinado fiel de David (cap. 10). Empezando con todo Israel ungiendo a David como rey en Hebrón (11:1–3), el cronista relata rápidamente la conquista de Jerusalén de parte de David, realiza otros relatos y entrega la lista de sus valientes, y de sus guerreros (11:4–12:40). Estos dos capítulos pintan un cuadro de unidad y gozo en Israel.

David luego buscó el arca de Dios, que había quedado en el descuido durante el reinado de Saúl. Sin embargo, David no lo hizo de la manera que Dios ordenó y un hombre murió como resultado. Temeroso de la ira del Señor, David volvió a su casa, habiendo dejado el arca con Obed-edom (cap. 13). El capítulo 14 relata un interludio durante el cual fue edificado el palacio de David, así como su familia y la nación; luego el cronista vuelve a su enfoque: el arca. Al fin, siguiendo la instrucción de la ley, David con alegría trajo el arca a Jerusalén y compuso un salmo alabando el poder y gloria de Dios (caps. 15–16).

No satisfecho con haber traído el arca a Jerusalén, David luego quiso glorificar a Dios construyendo un templo para alojarla. Sin embargo, Dios tenía otro plan en mente.

6. El cronista enfoca el templo, los levitas y los sacerdotes probablemente porque sin un rey davídico para guiar la recuperación de la nación, los sacerdotes y levitas servirían en una función crucial para dirigir al remanente.

> "Ve y di a mi siervo David: "Así dice el SEÑOR: 'Tú no me edificarás casa para que yo habite en ella. . . . Además te hago saber que el SEÑOR te edificará una casa. 11 'Y sucederá que cuando se cumplan tus días para que vayas a estar con tus padres, levantaré a uno de tus descendientes después de ti, que será de tus hijos; y estableceré su reino. 12 'El me edificará una casa, y yo estableceré su trono para siempre. 13 'Yo seré un padre para él y él será un hijo para mí; y no quitaré de él mi misericordia, como la quité de aquel que estaba antes de ti. 14 'Sino que lo confirmaré en mi casa y en mi reino para siempre, y su trono será establecido para siempre'" (17:4, 10b–14).

No sólo que el hijo de David tendría el honor de construir el templo del Señor, sino que el linaje de David sería honrado al ser confirmado *en la casa y reino del Señor para siempre*. A esta promesa se le conoce como el pacto davídico, con su promesa mesiánica apuntando a un Hijo futuro, Jesucristo. Profundamente conmovido por la gracia de Dios, David respondió en oración (17:16–27).

Como para demostrar la bendición de Dios sobre David los capítulos 18–20 proclaman sus victorias en la batalla. Sin embargo, el capítulo 21 gira en otra dirección, relatando el pecado de David al realizar un censo. Significativamente, cuando seguimos la historia a su conclusión en el capítulo 22:1, hallamos que nos lleva al templo; específicamente al sitio en donde se construiría el templo. Continuando con este nuevo tema del templo los capítulos 22–26 muestran a David preparando los materiales para construirlo y determinando el servicio de los levitas, sacerdotes, cantores, porteros, tesoreros y otros oficiales del templo. El capítulo 27 interrumpe con una lista de las divisiones del ejército y de los supervisores reales; luego vuelve al sendero con los planes del templo, que incluye las ofrendas de David y del pueblo para sus artículos sagrados (caps. 28:1–29:9).

En la sección final de 1 Crónicas David alaba a Dios por haberle permitido completar los preparativos para el templo, y le pide al Señor que guarde el corazón de la nación y de su hijo Salomón dedicados a Él. Salomón es entonces ungido rey, y David muere en paz.

El Hijo Escogido de Dios (2 Crón. 1–9)

El relato de la vida de Salomón realizado por el cronista, se concentra predominantemente en la construcción del templo. En el capítulo 1 Dios le concede a Salomón la sabiduría que había pedido y le añade un esplendor que ningún otro rey de Israel igualaría jamás. Luego en los capítulos 2–7 se concentra en el templo: el capítulo 2 detalla los preparativos adicionales que hizo Salomón, el capítulo 3 muestra la construcción del templo, el capítulo 4 da una lista del mobiliario, el capítulo 5 pone el arca en el Lugar Santísimo, el capítulo 6 relata la alabanza y oración de dedicación que elevó Salomón, y el capítulo 7 nos dice de los sacrificios de dedicación y las dos semanas de celebración.

La última mitad del capítulo 7 registra la respuesta del Señor a la oración de Salomón, que contiene este primer pasaje clave de 2 Crónicas:

> "Y [si] se humilla mi pueblo sobre el cual es invocado mi nombre, y oran, buscan mi rostro y se vuelven de sus malos caminos, entonces yo oiré desde los cielos, perdonaré su pecado y sanaré su tierra. 15 Ahora mis ojos estarán abiertos y mis oídos atentos a la oración que se haga en este lugar, 16 pues ahora he escogido y consagrado esta casa para que mi nombre esté allí para siempre, y mis ojos y mi corazón estarán allí todos los días" (7:14–16).

Como veremos en el resto de 2 Crónicas, el Señor cumplió su palabra a los que se humillaron y se arrepintieron. Sin duda esto debe haber sido un gran estímulo para el remanente que apenas acababa de salir del castigo de Dios.

Los capítulos 8 y 9 resumen las demás actividades de Salomón: la construcción de su propio palacio, la vista de la reina de Saba, y cómo Salomón hizo "hizo la plata tan común en Jerusalén como las piedras" (9:27). Interesantemente, cuando se relata su muerte, no hay la más mínima mención de sus pecados.

La Dinastía Escogida de Dios (2 Crón. 10–36)

De la sabiduría de Salomón pasamos a la insensatez de su hijo Roboam, en el capítulo 10. Aquí el cruel reinado de Roboam divide al reino. Pero Dios preserva a la dinastía de David en el reino del sur[7], que el cronista sigue por el resto del libro.

Los capítulos 10 y 11 muestran a Roboam inicialmente siguiendo al Señor, y luego apartándose de Él, y finalmente humillándose ante

7. Nótese que los sacerdotes y levitas, representantes de Dios, se pusieron del lado de Roboam (11:13–17).

Dios. El Señor alejó su ira y preservó a Jerusalén, pero el glorioso templo de Salomón fue saqueado, y los objetos de oro dados por las generaciones de David y Salomón fueron reemplazados por objetos de bronce. Después de la muerte de Roboam su hijo Abías (Abiam en 1 Reyes) subió al trono. El escritor lo recuerda como un rey que se opuso al idólatra Jeroboam. No se hace ningún juicio moral, ni para bien ni para mal, seguido al relato de su reinado (cap. 13).

Los siguientes siete capítulos relatan las historias de los primeros dos reformadores de Judá: Asa y su hijo Josafat (caps. 14–20). Aunque no siempre siguiendo al Señor perfectamente, estos dos monarcas le dieron a Judá sesenta y seis años de paz y obediencia a Dios. En la historia de Asa hallamos el segundo versículo clave de 2 Crónicas:

> "Porque los ojos del SEÑOR recorren toda la tierra para fortalecer a aquellos cuyo corazón es completamente suyo" (16:9a).

Si ellos tan sólo hubieran creído la palabra de Dios.

El capítulo 21 nos lleva al hijo de Josafat, Joram. Casado con Atalía, hija del infame Acab, este rey asesino fue reprendido por el profeta Elías, que le dijo que moriría en gran dolor. Dios preservó su vida solo por la promesa que le había hecho a David, pero la desobediencia de Joram le llevó a la enfermedad y finalmente a la desgracia. Su hijo Ocozías no fue mejor, y cuando murió, su madre la reina Atalía, trató de destruir la dinastía de David (cap. 22).

Un sacerdote llamado Joiada se las arregló para derrocar a la reina después de seis años, poniendo al heredero legítimo, Joás, en el trono. Por medio de él se preservó la dinastía davídica y el linaje mesiánico, y mientras su mentor Joiada vivió, Joás anduvo con Dios (cap. 23). En el capítulo 24 hallamos que reparó el templo y reformó la tierra; pero después de la muerte de Joiada dejó que su corazón se apartara de Dios. Su hijo Amasías siguió a Dios inicialmente, pero después él también se apartó y siguió a los ídolos (cap. 25). Uzías, su hijo, fue un buen rey que anduvo con Dios y prosperó por largo tiempo. No obstante, su orgullo causó su caída, y su hijo Jotam reinó en su lugar (cap. 26). Jotam fue el último rey bueno de Judá en los próximos dieciséis años (cap. 27).

El reinado perverso e idólatra de Acaz, hijo de Jotam, moldeó la tierra después, finalmente dando lugar a uno de los reyes más grandes de Judá, el de Ezequías, hijo de Acaz (cap. 28).

El cronista dedica la mayor parte de los próximos cuatro capítulos a todo el bien que hizo Ezequías. Purificó el templo, reparando el daño del reinado previo (cap. 29); celebró la Pascua, invitando a las tribus del norte a unirse a Judá en la celebración (cap. 30); proveyó para la adoración en el templo (cap. 31); y derrotó al rey asirio cuando éste atacó a Judá (cap. 32). Su reinado fue parecido al de David, pero el reinado de su hijo llevó al reino a un nivel más hondo de perversidad.

En el capítulo 33 Manasés, el rey más perverso de Judá, sube al trono. Sin embargo, el cronista dedica casi tanto espacio a su arrepentimiento, como a su maldad. Cuando Manasés se humilló ante Dios, el Señor le escuchó. Pero la marejada de la idolatría de la nación no se aplacó con el arrepentimiento del rey. Su hijo Amón le siguió en el trono, y su breve reinado perverso mereció apenas cinco versículos (33:21–25).

Con Josías, sin embargo, Judá tuvo su último destello de gloria. Aunque fue hijo de Amón, Josías fue un joven recto, a pesar de que llegó al trono cuando apenas tenía ocho años. Buscó al Señor, purgó la tierra de sus falsos dioses, restauró el templo y redescubrió la ley de Dios (cap. 34). También celebró la Pascua como ningún otro desde los días de Samuel (cap. 35). Cuando murió, la lámpara de Judá titiló y se opacó.

En rápida sucesión en el capítulo 36 el cronista relata la historia de los últimos cuatro reyes malos de Judá, la caída de Jerusalén, y el exilio. Explica que mientras Judá estuvo en Babilonia la tierra del Señor finalmente tuvo el descanso sabático que el pueblo le había negado. Pero el libro no termina allí.

El Segundo libro de Crónicas concluye con el Señor conmoviendo el corazón de un rey pagano, Ciro de Persia, para permitir que el pueblo de Dios vuelva a Jerusalén y a Judá, para reconstruir el templo de Dios y su relación personal con él.

Desde el templo de Salomón al decreto para reconstruirlo, 2 Crónicas muestra que Dios está con su pueblo en todas las generaciones.

> "*Sin embargo, el SEÑOR se agradó de tus padres, los amó, y escogió a su descendencia después de ellos, es decir, a vosotros, de entre todos los pueblos, como se ve hoy*" (Deut. 10:15).

Nociones para Vivir

Este libro, como todos los que componen la Biblia, nos invita a una seria reflexión: ¿alguna vez ha hecho usted algo que sintió que Dios no podría, o no querría, perdonar? ¿En algún momento sintió que Dios estaba disgustado con usted, y que usted ya se había pasado de la raya? Si es así, 1 y 2 Crónicas son para usted.

Estos libros cuentan la historia de cómo Dios escoge, ama y bendice a un pueblo que llamaría suyo, aunque ese pueblo lo desprecie, lo abandone, desobedezca sus justas y misericordiosas leyes, y deshonre su santo nombre. Sin embargo, aunque tuvo que disciplinarlos con el exilio, les confirmó que eran su pueblo y que siempre lo serían. Dios les aseguró que todavía anhelaba estar con ellos.

¿Todavía se siente un poco inseguro? Entonces reciba nuevas fuerzas al leer la exhortación divina y las muestras de su amor, que realiza el cronista en los siguientes versículos.

2 Crónicas 6:36–39; 7:12–16 ________________________

____

____

____

____

2 Crónicas 12:5–8 ________________________________

____

____

____

____

2 Crónicas 30:6–9 ________________________________

____

____

2 Crónicas 33:10–13

2 Crónicas 36:15–23

Notas

NOTAS

Notas

NOTAS

NOTAS

Notas